Die Frau mit dem Arm

Andreas Dorau & Sven Regener

Die Frau mit dem Arm

Galiani Berlin

Vorwort

Mein Name ist Andreas Dorau. Durch einen Welthit wurde dieser Name bekannt. Das nützt aber nichts. Am Ende trifft man doch nur Leute, denen der Name nichts sagt.

In Hamburg-Wandsbek, im Stadtteil Tonndorf, gibt es einen Doraustieg. Der ist aber nicht nach mir benannt, sondern nach meinem Vater, Fritz Dorau, der dort lange Jahre prägender Pastor war. Das ist unter dem Straßenschild extra vermerkt, darauf hatte meine Mutter bestanden. Sie wollte nicht, dass ich mich mit fremden Federn schmückte, sie kannte ihre Pappenheimer.

Udo Lindenberg, für den ich einige Videoproduktionen betreut habe, wollte bei unserer ersten Begegnung nicht glauben, dass Andreas Dorau mein richtiger Name sei. Er dachte, es handele sich um einen

Künstlernamen, um eine Abwandlung von Andrea Doria, inspiriert durch seinen gleichnamigen Hit.

Der Doraustieg in Tonndorf ist übrigens eine Sackgasse.

Ich bin der eine von uns beiden

Das neue Jahrtausend fing an und es lief nicht gut für mich. Das Jahrtausend davor war ein inspirierender Spaziergang gewesen, erst neunhundertvierundsechzig Jahre Ruhe, dann sechsunddreißig Jahre Spaß und Freude, Major, Indie, Hit, Flop, Studium, Geld, kein Geld, Arbeit, keine Arbeit, Ausland, Inland, Japan, Sampling, Dance, Disque d'Argent, neue Haarfarbe, alles super. Aber kaum fing das neue Jahrtausend an, war irgendwie der Wurm drin, die Luft raus, das Getränk des Lebens schal geworden, die Hitmaschine lahmte, ich war raus, Schnee von gestern, es drängten junge Leute nach, ich hatte das Geld, die hatten den Spaß, ich hatte den Namen, die hatten die Zuversicht, ich hatte eine Vergangenheit, die hatten eine Zukunft.

So sah es jedenfalls für mich aus, denn ich kam nicht weiter. Ich hatte meinen Job bei der Plattenfirma aufgegeben und damit auch meinen geliebten

Schreibtisch und mein geliebtes Telefon verloren, das schlug mir seelisch die Beine weg, ich war jetzt auf allen Ebenen Freelancer, als Künstler, als Video Consultant, als Telefonierender. Die Verbindlichkeiten und Strukturen, die ich bekämpfen konnte, waren weg. Ich hing in der Luft. Alle Türen standen mir weit offen, und es zog und war kalt. Nicht einmal die diebische Freude, ein geheimes Hintertürchen, ein halb geöffnetes Fenster, einen Schleichweg, einen Trampelpfad in eine andere Erlebniswelt gefunden zu haben, war mir vergönnt. Ich war wohlhabend und ich war am Ende, eine teuflische Kombination.

Natürlich machte ich weiter Musik, wenn man es denn so nennen möchte. Ich machte Musik, wie Störtebeker lief, nachdem man ihm den Kopf abgeschlagen hatte: ohne nachzudenken, rein mechanisch und eine große Schweinerei hinterlassend.

Musik machte ich mit Justus Köhncke. Wegen ihm hatte ich meine Plattenfirma verlassen, weil die ihn nicht als meinen Produzenten zulassen wollte. Mit ihm hatte ich zuvor »Die Menschen sind kalt« produziert, eine Single, bei der neue, revolutionäre Vocoderverfahren ins Spiel kamen. Von ihm versprach ich mir viel. Er lebte in Köln, deshalb musste ich dahin. Vielleicht verstärkte auch dies noch all mein Elend, dass ich mein geliebtes, konservatives, reformiert-evangelisches Hamburg gegen das hedonistische, schon mittags biertrinkende, katholische Köln eintauschte, zwar nur zum Musikmachen, aber Musik machen war ja das Einzige, was mich noch in der Spur und in Form hielt, jetzt, wo Telefon und Schreibtisch von anderen benutzt wurden. Aber egal, man kann es nicht auf Justus und nicht auf Köln schieben: Die musikalische Arbeit, wenn man es denn so nennen will, war damals eine uninspirierte Durchwurstelei, bei der man Samples und Spuren wahl- und willenlos übereinanderschichtete und sich das oft mittelmäßige Ergebnis gnadenlos schöntrank. Das ging lange Jahre so und wir waren dabei sogar noch sowas wie geheime Stars der Musikindustrie, unsere Aufnahmesessions sagenumwobene, moderne Legenden schürende Spekulationsobjekte, wir wurden von allen Seiten mit Geld und Vertragsangeboten bedrängt und machten immer weiter und weiter und begannen jeden Tag etwas später und öffneten das Bier jeden Tag etwas früher und fuhren zum Spaß weite Strecken mit dem Taxi, etwa von Köln nach Weilerswist und zurück, ohne Sinn, Plan und Verstand, aber mit der festen Absicht, auf diese Weise Steuern zu sparen, mit anderen Worten: Die Umstände hatten alles, was die Produktion einer Platte begünstigte, die später als legendäre Platte in die Geschichte eingehen würde, aber das tat sie nicht und das war auch besser so. Wichtiger war, dass die so entstehende Platte sieben Jahre brauchte, um ans Licht der Welt zu kommen, dabei wurde nicht nur Justus Köhncke aufgerieben, sondern nach ihm noch manch anderer Produzent verschlissen.

2005 wurde Mute Deutschland eröffnet, eine Dependance der legendären englischen Plattenfirma von Daniel Miller. Mit dabei war Charlotte Goltermann, die auch gleich als schwarzer Ritter um die Ecke kam, sich die Aufnahmen schnappte und bei Mute als LP unter dem Titel »Ich bin der eine von uns beiden« herausbrachte. Die Idee zu dem Titel war von mir, das Cover zeigte mich, wie ich ein Wildschwein umarmte, die Begründung war, Andreas und Dorau hätten sich getrennt, wegen künstlerischer Differenzen zwischen dem lautstarken hedonistischen (Kölner) Wildschwein Dorau und dem leisen sensiblen (Hamburger) Avantgardekünstler Andreas, einem ganz traurigen Geschöpf, das verloren aus der Wäsche schaute.

Die Umarmung ist nicht herzlich. Die beiden sind keine Freunde.

Mute wurde an die Emi verkauft, Mute Deutschland wurde aufgelöst, die Emi wurde zerschlagen, der Katalog in alle Winde verkauft, die Platte landete schließlich irgendwo, wechselte die Besitzer so oft und so beflissen wie das Flaschenteufelchen von Robert Louis Stevenson und kam genau wie dieses am Ende wieder zu mir zurück.

Gunther Buskies, mein aktueller Labelmanager, will diese Platte jetzt, während wir dies schreiben, wieder rausbringen. Ich sollte sie eigentlich zur Sicherheit vorher noch einmal hören, aber ich traue mich nicht.

So begann das dritte Jahrtausend für mich. Danach konnte es eigentlich nur besser werden. Davon erzählt dieses Buch.

Der Hypnosekönig

Mein Album »Ich bin der eine von uns beiden«, das 2005 bei Mute Records erschien, war eigentlich gerade durch, was in der Plattenfirmensprache so viel bedeutet wie »zwar erst neulich erschienen, aber schon Schnee von gestern«. Trotzdem hatte ich es irgendwie geschafft, Mute für ein Video zu dem Lied »Wir sind keine Freunde« Geld aus dem Kreuz zu leiern. Die zu meiner ganzen Situation ziemlich gut passende Handlung des Videos lässt sich so zusammenfassen: Ich bin Kapitän eines Luxusliners, ich hasse mich selber und will deshalb mein Schiff versenken. Aber in einem Anfall von Menschenfreundlichkeit lasse ich in letzter Sekunde noch die Leute von Bord, eine aufwendige, teure Szene, die mit vielen Statisten und Spezialeffekten gedreht wurde. Der Dreh fand frühmorgens im Hafen von Kiel statt, die Produktion hatte es geschafft, uns zwei Stunden Drehzeit auf einer großen Norwegenfähre zu ergattern. Wir mussten in genau den zwei Stunden drehen, in denen die alten Passagiere und Autos die Fähre verlassen hatten und die neuen Passagiere noch nicht an Bord gekommen waren. Das Video fand ich sehr gelungen und ich hatte keine Lust, es einfach irgendwo im Marketing für eine bereits abgefrühstückte Platte zu verheizen. Ich wollte eine große, glamouröse Veröffentlichung. Ich dachte an die Erstellung einer DVD mit all meinen Videos, die ich bis dahin gedreht hatte, eine Lebenswerk-DVD quasi, und das Kapitänsvideo als krönender Abschluss dabei.

Mute hatte daran kein Interesse. Zum Glück hatten meine Freunde von der Bekleidungsfirma Carhartt auch ein Label, Combination Records, und sie fanden die Idee toll und hatten Lust auf das Projekt. Unsere Begeisterung war so groß, dass wir auch noch zusätzlich eine Dokumentation über mein Leben zu drehen planten, keine Videolebenswerkveröffentlichung ohne begleitende Dokumentation, dachten wir, und wir begannen eifrig mit den Dreharbeiten dafür. Das Team bestand aus Anne Schulte, Sönke Held und mir.

Mir war dabei natürlich wichtig, dass ich immer die totale Kontrolle über das Projekt hatte. Andere Leute mochten den Fehler gemacht haben, ihr

Leben in fremde Hände zu legen, bei mir hieß es: mein Leben, meine Dokumentation, meine Kontrolle!

Daran hielt ich mich. Wir drehten und drehten. Wir filmten prägende Orte aus meinem Leben, den Doraustieg, der nach meinem Vater benannt ist, die Otto-Hahn-Gesamtschule, an der »Fred vom Jupiter« entstanden war, den ersten Proberaum von den Doraus und den Marinas und, und, und. Dazu sammelten wir alles an Material zusammen, was wir im Netz und in den Archiven über Andreas Dorau finden konnten, besuchten mit dem Hauptdarsteller von »Die Menschen sind kalt« das Grab von Horst Frank, transportierten historische Dorau-Bühnenbilder von hier nach dort und befragten außerdem viele Zeitzeugen.

Und hier stieß das Konzept der totalen Kontrolle an seine Grenzen. Unbeirrt bestand ich darauf, alle Interviews über mich und meine Vergangenheit mit allen Leuten, zu denen zum Beispiel Albert Oehlen, Wolfgang Müller, Kurt Dahlke, Jäki Eldorado, Hagar Groeteke, die einzige Marina, die mir persönlich nahestand, gehörten, selber zu führen, das heißt, den Leuten das Mikrofon vor die Nase zu halten und sie über mich auszufragen. »Wie habe ich damals auf dich gewirkt?« – »Wie fandest du mich?« – »War ich wirklich so anstrengend, wie die Leute manchmal gesagt haben?« – solche Fragen stellte ich ihnen, und ihre Antworten waren irgendwie eindimensional und flach, nett, aber nicht weiterführend, die Gespräche hatten nicht das erhoffte gewisse Etwas, sie kratzten höchstens an der Oberfläche, niemand rückte so richtig mit der Sprache heraus.

Nur ein Interview war wirklich erhellend, das war das mit Natalia Munoz, die damals als Dreizehnjährige an der Otto-Hahn-Gesamtschule mit mir in der Projektgruppe gewesen war. Sie und zwei Freundinnen hatten mit mir zusammen den Text von »Fred vom Jupiter« geschrieben – oder besser: das meiste davon –, während ich wohl nur den einen Satz beigesteuert hatte. Das wurde mir erst in diesem Interview wirklich klar, ich hatte mich aus irgendeinem Grund ganz anders an die Sache erinnert. Es kamen überhaupt ganz viele unangenehme Dinge zur Sprache, von denen ich nichts wusste oder nichts mehr zu wissen glaubte oder nichts mehr hatte wissen wollen, es wurde alles immer rätselhafter, die ganze Fred-vom-Jupiter-Geschichte versank in einem Nebel aus Zweifel, Vergessen und Verdrängen.

Wir mussten nachfassen und beschlossen, den Lehrer von damals zu finden und zu interviewen.

Thomas Meir, unser Tonmann, der damals viel für RTL arbeitete, schlug auch gleich vor, ihn an seiner Haustür zu stellen und bei laufender Kamera mit unseren Fragen zu überrumpeln.

Das fanden wir anderen drei etwas zu heftig, wir versuchten erst einmal telefonisch Kontakt aufzunehmen. Sönke rief bei dem Mann an und dessen Frau ging ran. Die legte mitten in Sönkes erstem Satz auf, weil sie den Braten gerochen hatte. Es wurde immer geheimnisvoller. Der Weg zu weiter gehenden Informationen, zu Insiderwissen und knallharten Fakten schien allseits versperrt.

Sönke erwähnte dann zufällig den Werner-Herzog-Film »Herz aus Glas«, den hatte er gerade im Fernsehen gesehen, und in dem Film, so Sönke, spielten alle Schauspieler unter Hypnose, was zu erstaunlichen Ergebnissen, Erfahrungen und Geständnissen geführt habe.

Das wollte ich auch. Ich wollte selber hypnotisiert werden, um auf diese Weise der echten Wahrheit die Entstehung von »Fred vom Jupiter« betreffend auf die Spur zu kommen, um überdies mein eigenes Verhältnis zu diesem Lied ungeschminkt ergründen zu können und um mit meinen eigenen Worten aus meinem eigenen Mund zu hören, was ich damals eigentlich wirklich alles angestellt hatte.

Alle waren von der Idee begeistert. Sönke machte sofort einen Termin mit einem Hypnotiseur aus, der wohnte am Rande von Hamburg, war ein netter älterer Herr und überall als »der Hypnosekönig« bekannt.

Wir drehten einen Kameratest mit einem Assistenten von Sönke, der sofort in tiefe Trance fiel und bei einer sich anschließenden Befragung alle seine Geheimnisse auf das Peinlichste ausplauderte, es war fantastisch.

Dann war ich an der Reihe. Der Hypnosekönig sagte mir ein Wort und versicherte, dass ich jedes Mal, wenn ich in meinem Leben dieses Wort hörte, wieder in Trance fallen würde, das Wort laute »Mutabor«. Dann begann er mit der Hypnose und tat, was Hypnotiseure tun, er sagte suggestive Dinge, dass ich mich schwer fühlen würde und sowas. Das ging einige Zeit so, aber ich fiel nicht in Trance. Der Mann zog alle Register, er hypnotisierte, was das Zeug hielt, er mühte sich aus Leibeskräften, aber es ging einfach nicht. Das war mir unangenehm. Alle starrten mich an. Die Situation wurde immer peinlicher. Schließlich stellte er mir Fragen zu »Fred vom Jupiter«, und weil ich mich schämte und niemanden enttäuschen wollte, tat ich so, als sei ich in Trance, und murmelte etwas Unverständliches vor mich hin, von dem ich vermutete, dass es hypnotisierte Leute vor sich hin murmeln würden.

Irgendwann schnippte der Hypnotiseur mit den Fingern und ich sollte aufwachen, was natürlich kein Problem war. Ich fragte gleich scheinheilig, ob sie alles auch schön gefilmt hätten. Das hatten sie.

Auf dem Rückweg vom Stadtrand nach Hamburg hinein erzählte ich den anderen, dass ich gar nicht in Trance gewesen sei. Das hatten die auch gar nicht geglaubt. Meine Performance sei zu schlecht und meine Erzählungen seien zu banal gewesen. Was der Hypnosekönig gedacht hatte, weiß ich nicht, er hatte sich nichts anmerken lassen.

Compilation Records wurde leider eingestellt, bevor die Dokumentation fertig war.

Was ich wirklich über »Fred vom Jupiter« denke, werde ich wohl nie erfahren.

Todesmelodien

Im Jahre 2007 starb meine Mutter. Das traf mich sehr, mehr, als es mich viele Jahre zuvor getroffen hatte, dass mein Vater starb. Als Muttersöhnchen hatte ich mit meiner Mutter ein viel engeres Verhältnis als mit meinem Vater, ich hatte sie in der letzten Zeit auch gepflegt und ihr Tod und das damit verbundene Vollwaisensein warfen mich um. Das war die härteste Zäsur in meinem Leben: Plötzlich gab es keine richtige Brücke in meine Vergangenheit mehr, niemand, den ich besuchen konnte und bei dem es sich wie Heimkommen anfühlte. Das Leben wurde kalt, ich konnte keine Mutter mehr anrufen und nach diesem und jenem fragen und von diesem und jenem erzählen, alle Leichtigkeit und Verantwortungslosigkeit war aus den Dingen des Lebens verschwunden, weil es niemanden mehr gab, der mir so selbstverständlich helfen würde. Meine Mutter hatte mir oft aus der Klemme geholfen, das würde nun nie mehr passieren. Ich hatte sehr große Angst davor, seelisch in ein tiefes schwarzes Loch zu fallen. Dazu kam, dass ich in der Zeit keinen Job hatte, deshalb auch nichts, was mich von den großen unangenehmen Fragen, die der Tod einer Mutter mit sich bringt, ablenken konnte.

Was blieb, war die Musik. Es gab, davon war ich überzeugt, nichts Besseres, um sich abzulenken und dabei womöglich auch noch etwas Gutes in die Welt zu bringen, ich brauchte nur eine Platte zu machen, dann ginge es mir gleich besser!

Ich wollte aber, bei aller Liebe zur Popmusik, auf der Platte nicht einen auf Friede, Freude, Eierkuchen machen, immerhin war meine Mutter gerade gestorben, das konnte ja wohl nicht ohne Folgen bleiben, auch musikalisch nicht. Da traf es sich gut, dass ich Mense Reents auf der Straße begegnete; wir unterhielten uns und kamen überein, zusammen eine sperrige Platte zu machen, schwierig, unkommerziell, nichts von dem ganzen Popkram, das war mir ganz wichtig.

Und so fingen wir an, in Menses Kellerstudio Stücke aufzunehmen. Vom Gebrauch von Samples war ich seit »Ich bin der eine von uns beiden« irgendwie bedient, ich wollte davon ganz abkommen. Wir brauchten also irgendwie richtige Instrumente. Zum Glück stand bei Mense ein altes Klavier, das war ziemlich verstimmt und klang wild und sollte eigentlich entsorgt werden. Mir kam es aber gerade recht, ich fand das super. Ich möbelte es etwas auf, indem ich Reißzwecken in die Filzhämmerchen drückte, dadurch bekam es einen sehr metallischen Sound.

Im Gegensatz zu früheren Produktionen lief die Sache auch sehr straff und wie ein geregelter Arbeitstag ab: Wir trafen uns zweimal die Woche schon um zehn Uhr morgens im Studio und nahmen Musik auf, es war ein richtig hartes Arbeiten, hanseatisch nüchtern und effektiv, es gab eine Mittagspause und um 15 Uhr war Schluss!

Aber das füllte mich natürlich sowohl zeitlich wie auch künstlerisch dann doch nicht ganz aus, ich wollte parallel noch mit jemand anderem arbeiten und ging zu Tim Lorenz. Mit dem machte ich auch Stücke, aber eher elektronische, zwar ohne Verwendung von Samples, aber mit vielen Synthis, dabei aber ohne wie bisher mit Automatisierung und

Sequenzer und dergleichen, ich wollte, dass diese Stücke nicht nach strammem Dance klangen, sondern eher nach früher elektronischer Musik aus der Zeit, als der Synthesizer noch mit der Hand gespielt wurde.

Dann ergab es sich so, dass die Stücke, die ich mit Mense machte, immer poppiger und poppiger wurden, und weil mir das gefiel, wollte ich diese Entwicklung sogar noch forcieren und es immer noch poppiger und noch poppiger haben, bis zu dem Punkt, an dem es Mense reichte und er nach einem heftigen Krach über das Thema »poppig oder sperrig« ausstieg.

Ich durfte aber alles, was ich bei Mense aufgenommen hatte, mitnehmen und anderweitig fertig machen. Also stand ich jetzt da mit einer Reihe von Stücken, die ganz unterschiedlich klangen: einerseits die Lieder, die ich mit Mense gemacht hatte, die waren größtenteils mit präpariertem Klavier, Schlagzeug und Bass aufgenommen; Schlagzeug und Bass hatte meist Mense gespielt, manchmal auch ich das Schlagzeug. Andererseits die Lieder, die ich mit Tim Lorenz produziert hatte, die waren größtenteils mit Synthis und Drumcomputer, kamen also vom Sound her aus einer etwas anderen Welt.

Ich brauchte also jemanden, der mir aus diesen Aufnahmen irgendwie eine homogene oder jedenfalls anhörbare Platte herbeimischte, einen echten Tausendsassa, der in der elektronischen wie in der akustischen Musik gleichermaßen zu Hause ist, und natürlich dachte ich sofort an Andi Toma von Mouse on Mars. Da würde ich dann gleich nach zwanzig Jahren mal wieder in Sachen Musik nach Düsseldorf fahren, das fühlte sich in der Vorstellung etwas seltsam an, aber auch ein bisschen wie Nachhausekommen.

Andi Toma sagte, dass er den Job gerne machen würde, er aber gerade nach Berlin umzöge und sich dort ein neues, großes Studio einrichtete und dass ein solcher Job natürlich auch Geld einbringen müsse, weil er sich das sonst nicht leisten könne. Das verstand ich und deshalb ging ich mal gleich zu meinem Anwalt, um die Geldquellen zu überprüfen.

Ich hatte nämlich noch einen Plattenvertrag mit Mute Deutschland. Der sah einen hohen Vorschuss für eine Platte vor, andererseits war die Firma Mute mittlerweile an die EMI verkauft worden und bei der EMI war ich, das war Jörn Zimmermann, meinem Anwalt, sofort klar, höchstens noch Karteileiche, wenn die überhaupt wussten, dass ich bei ihnen unter Vertrag war. Das waren komische Zeiten damals.

Deshalb schickte Jörn der EMI Rohaufnahmen meiner Lieder mit den Worten, das sei das Album, sie sollten jetzt mal das Geld schicken, und das taten die dann auch anstandslos, obwohl sie noch nicht einmal einen zuständigen Produktmanager oder sonst wie betriebseigenen Ansprechpartner für mich hatten. Dann kam von ihnen die Nachricht, dass sie das Album gehört hätten und es leider nicht ins Programm passen würde und sie es deshalb nicht veröffentlichen wollten. Daraufhin drohte ihnen Jörn Zimmermann mit einer Schadenersatzklage wegen mutwilligen Verursachens eines irreparablen Imageschadens, woraufhin die EMI einfach noch einmal die gleiche Summe obendrauf legte gegen die Möglichkeit, den Vertrag aufzulösen.

Damit war das Album frei für die Veröffentlichung bei einem anderen Label als der EMI, die nach meinem Weggang sowieso nur noch eine Leiche auf Urlaub war, sie wurde auch bald darauf an einen Investmentfonds verscherbelt und später ganz zerschlagen. Das hatten sie jetzt davon!

Ich aber hatte Geld und Oberwasser. Ich fuhr nach Berlin und ging zu Andi Toma in sein neues Studio in der Nalepastraße, das war ein sehr edles und beeindruckendes Studio mit Holzvertäfelung und solchen Sachen. Da wurde die Platte fertigproduziert und gemischt, Andi veränderte noch viel, glich an, aus der ursprünglich als sperrig geplanten Platte wurde die poppigste Platte, die ich je herausgebracht hatte, wir nahmen zum Beispiel noch Chöre und Gastmusiker, Sängerinnen und vieles mehr auf, es wurde eine gigantische Produktion, Andi hatte da wahre Wunder bewirkt. Auch die Mischung gefiel mir gut, alles ergab einen Sinn.

Die Platte kam bei Staatsakt raus und ich nannte sie »Todesmelodien«.

Die Frau mit dem Arm

Ich habe viele Freunde, die sind überzeugte Hypochonder. Ich bin kein Hypochonder, ich gehe einfach nur gern zum Arzt. Das habe ich schon als Kind gerne getan, ich war damals auch oft krank.

Am liebsten gehe ich zum Arzt wegen der Zeitschriften im Wartezimmer. Früher, in jungen Jahren, fand ich die Praline und die Neue Revue am interessantesten, weil ich von ihnen in Wort und Bild viel über Sexualität erfahren konnte, heute lese ich am liebsten Das Goldene Blatt und andere Magazine, die sich mit dem Leben in Adelspalästen und Prominentenvillen befassen. Aber nicht nur das Wartezimmer, auch die Arztzimmer sind wichtig für mich, weil man sich hier gründlich und professionell mit mir und meiner Gesundheit beschäftigt, da gibt es viele mögliche Untersuchungen und sie sind mir alle willkommen.

Im Gegensatz zu meinen Hypochonderfreunden,

die immer enttäuscht sind, wenn sie sich als gesund entpuppen, ist es für mich das größte Glück, wenn der Arzt sein Stethoskop abnimmt, mich ernst anschaut und sagt: »Herr Dorau, da ist nichts!« Das ist immer eine große Erleichterung und Freude, ich habe nichts falsch gemacht, ich bin gesund, ich bin dem Tod schon wieder von der Schippe gesprungen, das war haarscharf, das ist gerade noch einmal gut gegangen, jetzt kaufe ich mir was Schönes im zwei Häuser neben meinem Arzt liegenden Ein-Euro-Shop!

Vor zwei Jahren litt ich eine Zeitlang unter sehr starken Schwindelanfällen, die waren so stark, dass ich einmal sogar auf der Straße mitten in Hamburg beinahe umgefallen wäre, ich konnte mich gerade noch an einem Maschendrahtzaun festhalten und musste dort fünf Minuten warten, bevor ich meinen Weg fortsetzen konnte. Mit diesem Problem ging ich natürlich sofort zu meinem Hausarzt, der mich lange und gründlich untersuchte, keine Ursache erkennen konnte und mich zu einem Ohrenarzt in Wandsbek schickte, der sollte da weitermachen, wo der Hausarzt aufgehört hatte.

Der Ohrenarzt war über eine Stunde mit mir beschäftigt, es gab jede Menge Tests und kein Ergebnis. Das war noch lange kein Freispruch. Er überwies mich an eine radiologische Praxis, damit man dort etwas mit mir unternahm, was ich mir immer schon gewünscht hatte: Man sollte mich in die Röhre stecken, CT, MRT, irgend sowas, ich weiß es nicht mehr, aber ich durfte endlich in die Röhre, wie die ganzen kranken Leute immer in den spannendsten Geschichten in Film und Fernsehen!

Mein Termin war sehr früh morgens und es regnete in Hamburg. Ich glaube, ich war der erste Patient an dem Morgen und die Leute, die die Praxis verwalteten und die Röhre bedienten, waren extrem unfreundlich. Ich wollte mit ihnen scherzen, Fröhlichkeit verbreiten, eine gute Grundstimmung herstellen, aber da war nichts zu machen, alles, was ich sagte und tat, wurde miesepetrig ignoriert oder barsch zurückgewiesen.

Ich legte mich hin und wurde gefragt, ob ich Platzangst hätte, »Nein«, sagte ich, »habe ich nicht!«, dann hieß es, dass es laut werden würde, ich bekam Kopfhörer mit einem Radioprogramm, man zeigte mir einen Spiegel, durch den ich um die Ecke gucken konnte, stach mir eine Nadel in den Arm, durch die später Kontrastmittel gespritzt werden würde, wofür es ein Zeichen geben sollte, die Frau, die dafür verantwortlich war, würde, hieß es, den Arm heben, sobald das Kontrastmittel auf die Reise ging, warum ich das wissen sollte, war mir nicht klar, aber ich fragte schon nicht mehr, ich war eingeschüchtert.

Ich fuhr in die Röhre ein und alles war super, vor allem das Radioprogramm, es war ein Popsender und es wurde ein Hit nach dem anderen abgefeuert, das war schon mal gut. Ich fühlte mich wohl und schaute in den Spiegel über mir, ob bald mal der Arm auftauchen würde. Die Zeit verging, das Radio lief, aber ein Arm tauchte nicht auf. Das dauerte und dauerte. Ich dachte, sie hätten mich vergessen oder das Kontrastmittel sei schon eingespritzt und die hätten bloß keinen Bock mehr auf mich und schonten ihren Arm für andere. Dann kam der Arm, aber eben so spät, dass ich schon nicht mehr damit gerechnet hatte und nicht mehr vorbereitet war. Das Kontrastmittel war extrem unangenehm, mir wurde schlecht und ich war kurz davor, den Notfallknopf zu drücken. Das hätte ich normalerweise auch getan, aber ich hatte so viel Angst vor einem Gespräch mit der Frau mit dem Arm, dass ich lieber die Übelkeit in Kauf nahm.

Dann war es auch bald vorbei, ich wurde aus der Röhre gezogen und man bat mich, im Wartezimmer Platz zu nehmen, bis die Ergebnisse da waren.

Nach etwa einer halben Stunde holte mich die Frau mit dem Arm in ein Besprechungszimmer. In der Hand hielt sie einen Umschlag, ihr Gesichtsausdruck war sehr ernst. Der Befund, sagte sie, sei eigentlich unauffällig, »Allerdings«, fügte sie an und machte eine kurze Kunstpause, »allerdings gibt es doch eine Sache: Sie haben ein signifikant übergroßes Gehirn!«

Das ließ sie so stehen. Sie gab mir den Briefumschlag und ging wortlos davon.

Ich ging erleichtert, ja überglücklich nach Hause. Ich besaß etwas Großes, ein übergroßes Gehirn, keine zerebrale Sozialwohnung, nein, einen Palast geradezu, so stellte ich mir das vor, einen Adelspalast von einem Gehirn, in dem vielleicht nicht alle Räume beheizt waren, aber er war groß und war mein.

Da hatten sich die Arztbesuche aber wirklich mal gelohnt!

Goethe in Russland

Im Herbst 2011 bekam ich eine Einladung vom Goethe-Institut Russland. Die wollten, dass ich bei ihnen ein Konzert spielte, und boten mir und meinen Mitmusikern dafür einen dreitägigen Aufenthalt in Moskau und eine angemessene Gage an. Das klang alles sehr gut, es machte mich zum international gefragten Musiker, da griff ich gerne zu, zumal ich mit Russland noch eine Rechnung offen hatte oder Russland mit mir, denn ein Dreivierteljahr zuvor hatte ich eine Einladung nach Russland leider ausschlagen müssen, die war zwar sehr attraktiv, aber irgendwie auch etwas unheimlich gewesen, ich hätte für eine horrende Gage bei einer Oligarchen-Silvesterparty spielen können, das war mir dann aber nicht ganz geheuer gewesen, Leute hatten mich gewarnt, »Irgendwann ziehen diese Oligarchen die Waffen«, hatten sie gesagt, »und wollen was von den Rolling Stones hören und wenn du dann nicht liefern kannst, hast du ein massives Problem!«

Nun also das Goethe-Institut. Da, hatte ich gedacht, kann ja nicht viel schiefgehen, die gehören ja zum Auswärtigen Amt, die sind sicher spitzenmäßig organisiert und vernetzt und werden sich um alles kümmern, und von den Oligarchen wird weit und breit nichts zu sehen sein, oder wenn doch, dann reißen die sich zusammen.

Also machten wir uns zu viert auf den Weg nach Russland, Tim Lorenz, Matthias Strzoda und ich als die Band, Thilo Schierz-Crusius als unser Tontechniker. Aber der Weg erwies sich als weiter als gedacht.

Es begann schon in Hamburg beim Visaerwerb, schon da war der Wurm drin, schon da kam es zur Ernüchterung. Das russische Konsulat schickte uns zu einem Reisebüro, das alles abwickeln sollte, was es auch tat, aber nicht ohne uns dabei auf das Äußerste zu erniedrigen, man behandelte uns wie Gulag-Sträflinge, plünderte uns bis auf die Knochen aus und vergaß dabei nicht, so unfreundlich wie nur irgend möglich zu sein, ständig mussten wir neue Dokumente heranschaffen, man schickte uns von Pontius zu Pilatus und zurück und immer wieder sollten wir immer mehr Geld bezahlen, jeder einen anderen Betrag, es war unbeschreiblich und ich weiß nicht, warum wir damals nicht einfach schon alles abgeblasen haben.

Stattdessen lasen wir zur Vorbereitung ganz viele Reiseführer, um uns auf die Sitten und Gebräuche in Russland so gründlich wie nur irgend möglich vorzubereiten. Allein ich studierte sechs Reiseführer von vorne bis hinten, um für alle Eventualitäten gewappnet zu sein. Zwei Leitmotive, die sich durch alle Bücher zogen, beeindruckten mich besonders: zum einen, dass die Russen äußerst gastfreundlich seien. Hier hätte ich in Hamburg nach meinen Erfahrungen mit den Russen vom Reisebüro schon stutzig werden können, aber ich schob deren Verhalten darauf, dass sie als eigentlich gastfreundliche Russen nur versuchten, sich an die hanseatische Lebensart mit ihrer kühlen Strenge und Reserviertheit irgendwie anzupassen, ohne sich zugleich mit Feinheiten wie Höflichkeit, Freundlichkeit oder Hilfsbereitschaft aufhalten zu können, es war wichtig, Verständnis zu haben, fand ich, die Reiseführer sprachen ja eine ganz deutliche Sprache: In Russland waren die Menschen nicht nur gastfreundlich, sondern geradezu überschwänglich gastfreundlich, insofern sie einen, so die Reiseführer, auch als Fremden sofort zu stundenlangen

Essen- und Wodkaverköstigungen einladen würden, reihenweise Kohlgerichte, Knabbereien, Salzfische, saure Gurken und was nicht alles, obendrauf immer Wodka, Wodka, Wodka, so die Reiseführer einhellig, da könne man sich schon mal auf etwas gefasst machen und sich auch von der Trinkfestigkeit her schon einmal gründlich vorbereiten. Das fand ich natürlich nicht uninteressant, das wollte ich gerne erleben.

Das andere Leitmotiv war, dass es unerlässlich sei, stets Süßigkeiten als Geschenke bei sich zu tragen. Wann immer man auf einen russischen Menschen traf, männlich oder weiblich, vor allem aber weiblich, galt es, ihm ein Süßigkeitengeschenk zu machen, es ging gar nicht ohne, vor allem Schokolade war wichtig, einen Menschen zu treffen, ohne ihm Schokolade zu schenken, sei gewissermaßen das Unhöflichste, was man sich vorstellen könne, Schokolade, Schokolade, Schokolade. Als Tim, Matthias und ich im Flieger von Hamburg nach Moskau saßen, waren wir alle drei gut vorbereitet, jeder hatte sechs bis acht Tafeln Schokolade dabei, es war alles vorhanden und alles möglich, Vollmilch, Zartbitter, Milka, Ritter Sport, mit Nuss, ohne Nuss, mit Trauben, mit Marzipan, es war für alles und jeden, für jeden Anlass und jede mögliche Bekanntschaft vorgesorgt und wir konnten nur hoffen, dass Thilo, der von Berlin nach Moskau flog, sich auch entsprechend ausgerüstet hatte, denn wir waren nicht sicher, ob es sonst für all die vielen neuen Bekanntschaften ausreichen würde, was wir an Schokolade in petto hatten.

Unsere Ankunft in Moskau ging damit los, dass wir nicht wie erwartet abgeholt wurden und sich auch in den nächsten drei Tagen niemand vom Goethe-Institut bei uns meldete. Keiner half uns, keiner führte uns in die russische Gesellschaft ein, keiner fuhr uns herum, keiner erklärte uns die Gefahren und Chancen der Stadt und des Landes, wir waren allein und sollten es auch bleiben. Zum Glück war Thilo schon einmal in Moskau gewesen, mit der Gruppe Jeans Team, da hatte er ein wenig Erfahrung und zeigte uns die U-Bahn, den Gorki-Park, ein Weltraummuseum, den Roten Platz, den Kreml und ein Haus, in dem mal ein Schriftsteller geboren worden war, dessen Namen ich nicht gekannt und auch gleich danach wieder vergessen habe.

Alles andere fand nicht statt. Es gab keine Bekanntschaften, Begegnungen, Gespräche, geschweige denn Partys, Einladungen, Sauf- und Fressgelage, nichts davon, nichts, nichts, nada!

Aber die U-Bahn gefiel uns gut. Auch gut: In den Taxis lief die angesagte Popmusik und die war immer in Moll. Da begriff ich, warum Modern Talking so einen anhaltenden Erfolg in Russland hatten: weil die alle Stücke immer in d-Moll gemacht haben, der Lieblingstonart von Dieter Bohlen und der ganzen russischen Nation.

Der durch die Scorpions unsterblich gemachte Gorki-Park war allerdings eine Riesenenttäuschung, er war öde, langweilig, deprimierend geradezu, Hamburgs Planten un Blomen ist dagegen eine grüne Orgie der Lebensfreude. Vom Wind of Change war nichts zu spüren.

Dann kam der Tag des Konzerts. Unser Hotel lag an einer Riesenstraße, dem Leninskij Prospekt, und uns wurde mit der Begründung, dass das Goethe-Institut, in dessen Gebäude wir spielen sollten, an derselben Straße lag, bedeutet, dass uns niemand abholen und niemand helfen würde, da hinzukommen. Gleich in der Nähe hieß, dass wir drei Kilometer laufen mussten. Als wir beim Goethe-Institut ankamen, waren wir völlig erschöpft. Man begrüßte uns beiläufig und kümmerte sich nicht weiter um uns. Eine Backstage und ein Catering für die Künstler gab es nicht. Wir durften uns in einer Cafeteria etwas kaufen, aber natürlich nur mit unserem eigenen Geld. Selten habe ich mich in meinem Leben unwillkommener gefühlt. Das mit der russischen Gastfreundschaft wurde beim Goethe-Institut Moskau, das überwiegend von Russen betrieben wurde, jedenfalls nicht übertrieben.

Das Konzert war am frühen Abend. Danach gab es für das Publikum einen Stehempfang mit Schnittchen und billigem Weißwein. Das Publikum waren größtenteils sehr alte Leute, die wohl in erster Linie wegen dieses After-Show-Programms gekommen waren.

Das Konzert selber war aber ganz gut. Die Akustik war jedenfalls spitze, weil das Goethe-Institut im ehemaligen Botschaftsgebäude der DDR untergebracht war, da waren alle Räume schalltot wegen der Abhörsicherheit, deshalb gab es keinen Raumhall und wir hatten den direktesten und unverfälschtesten Dorau-Sound, den man sich vorstellen konnte.

Die alten Leute saßen während des Konzerts zunächst auf Stühlen. Wir spielten vier, fünf Stücke, dann kamen einige sehr offiziell aussehende Herren mit Anzug und Krawatte in den Saal und stellten sich an den Wänden auf. Uns wurde ohne Begründung befohlen, das Konzert sofort zu unterbrechen, was wir erschrocken und voller Angst auch gleich taten. Der oberste der Anzugherren kam auf die Bühne und hielt auf Deutsch eine Ansprache, in der er darlegte, dass er jetzt, beim Anhören der Dorau-Musik, festgestellt habe, dass es sich um eine eher flotte Musik handele, deshalb sei es ab jetzt auch erlaubt zu tanzen.

Dann durften wir weiterspielen. Das Publikum stand geschlossen auf und tanzte einen wilden Tanz, der am ehesten als eine Art Twist zu beschreiben wäre, jeder der alten Leute für sich, aber lachend, mit Begeisterung und auf der Stelle stehend. Da war sie plötzlich da, die russische Gastfreundschaft, auch ohne Wodka und Salzfischchen. Und Schokolade mussten wir auch nicht verteilen.

Aus der Bibliothèque – das Gitarrenalbum

Gunther Buskies machte um das Jahr 2014 herum mit Ata Tak einen Deal und brachte einige ausgewählte alte Platten des legendären Düsseldorfer Elektroniklabels neu heraus, also Platten von Der Plan, Pyrolator, Andreas Dorau, sowas. Deshalb wollte er dann auch noch gleich zu meinem fünfzigsten Geburtstag ein Jubiläums-Best-of-Album von mir hinterherschieben. Bei der Gelegenheit durchstöberte ich auf der Suche nach Bonustracks meine alten, unveröffentlichten Aufnahmen und fand drei Stücke, die mir besonders gut gefielen. Alle waren mit Gitarre eingespielt worden, wahrscheinlich der Grund, warum ich sie nie veröffentlicht hatte, meine Abneigung gegen Gitarren hatte ja im Grunde mein ganzes Schaffen bis dahin bestimmt und – je nach Neigung – überschattet oder überstrahlt.

Jetzt aber gefiel mir das irgendwie und ich dachte, wenn schon mal drei Gitarrenstücke da sind und die mir gefallen, dann kann man ja auch mal gleich eine ganze Gitarrenplatte machen, alle Stücke mit Gitarre, kein Stück ohne, Hauptsache, Saiten, Rest egal.

Leider hatte ich von Gitarren überhaupt keine Ahnung. Da traf es sich gut, dass Gunther Buskies in der Band von Carsten Friedrichs spielte, die hieß »Liga der gewöhnlichen Gentlemen« und war eine Nachfolgeband von »Superpunk«, die hatten ordentlich was am Laufen mit Gitarren, da dachte ich mir, warum nicht gleich die halbe Band nehmen, die Hälfte mit den Gitarren, da hat man dann seinen Gitarrensound gleich beisammen und muss sich keine großen Gedanken machen.

Ich wusste natürlich nicht, wie ich die Gitarristen dazu bringen sollte, irgendetwas Bestimmtes zu spielen, ich hatte ja von Gitarre keine Ahnung, deshalb überlegte ich mir eine neue Methode, Musiker zu inspirieren.

Ich holte mir viele CDs aus der zentralen Bücherhalle in Hamburg, so nennt man in Hamburg die Bibliotheken, Bücherhallen, ich holte mir also aus der zentralen Bücherhalle in Hamburg, die an einer Straße mit dem schönen Namen »Am Hühnerposten« gelegen ist, viele CDs und hörte sie alle durch und kopierte mir manche Gitarrenakkorde da raus und schnitt sie mit Tim Lorenz zusammen hintereinander und das gab ich dann Gunther und Carsten von der »Liga der gewöhnlichen Gentlemen« zum Nachspielen. Die mussten also die Akkorde und Akkordwechsel raushören und auf ihren Saiteninstrumenten nachschrummen und ich dachte mir dazu dann die Lieder aus, schöne Melodien mit klugen Texten, das war eine angenehme, leichte Arbeit.

Gunther machte mich mit Zwanie Jonson bekannt, einem Hamburger Scheinschweden und Musikproduzenten, der uns in sein Studio holte, um die Platte aufzunehmen. Das war eine wunderbare, superleichte und aufregend neue Erfahrung. Die Songs flutschten nur so raus, nie war es einfacher gewesen, Songs zu machen, die Gitarristen schrummten und dengelten, ich sang, und Zwanie trommelte, denn das konnte er auch noch. Später schichtete Tim Lorenz noch einiges an Elektronik obendrauf, damit die Sache nicht zu rockig wurde.

Die Platte nannte ich in Erinnerung und als Hommage an die zentrale Hamburger Bücherhalle »Aus der Bibliothèque« und ein Stück heißt sogar »Hühnerposten«, bei dem ist der Text zwar von Carsten Friedrichs, aber ich bin trotzdem sehr stolz darauf.

Die Singleauskopplung »Flaschenpfand« wurde in mehreren Zeitungen zum Song des Jahres erklärt, immerhin. Allerdings muss man sagen, dass die Single im Januar 2014 erschien, insofern war da die Auswahl noch nicht so groß gewesen.

Auch gut: Seit das Album erschienen ist, werde ich in der Zentralen Bücherhalle immer mit einem freundlichen Lächeln begrüßt, wenn ich eintrete. Und die Dorau-Platten stehen in den entsprechenden Kisten immer ganz vorne!

Kinder und Angst

Ich habe ein gestörtes Verhältnis zu Kinderliedern. Das liegt nicht an den Kinderliedern selbst und schon gar nicht an den Kindern, es liegt daran, dass man mir in den frühen Jahren meiner Musikkarriere oft vorwarf, Kindermusik zu machen, obwohl ich das natürlich nicht tat und als Sechzehnjähriger auch nicht unterstellt haben wollte. Ein Teenager will nichts so wenig sein wie ein Kind, und ich war keins, und ich machte auch keine Kindermusik.

Der Vorwurf oder zumindest die Unterstellung kam natürlich daher, dass von übelstem Rockismus befallene Leute eine Musik ohne schwere Gitarren und inbrünstiges Brüllen von Liebesschwüren überhaupt nicht einordnen konnten. Wenn keine Flying-V-Gitarren auf Bodenhöhe zwischen Männerbeinen baumelten, war es für sie gleich Kindermusik oder Schlager und Schlager konnte meine Musik natürlich nicht sein, weil sie ganz anders klang.

Deshalb reagiere ich noch heute empfindlich, wenn die Leute mir freudig erzählen, dass ihre Kinder meine Musik so sehr mögen, obwohl dagegen natürlich im Grunde nichts zu sagen ist. Die Leute meinen es auch als Kompliment, aber bei mir kommt dann immer der alte Abwehrreflex raus. Ich muss mich sehr beherrschen, nicht pampig zu werden, weil die Leute mir damit unterstellen, dass ich den Kindern gefallen will, was nicht der Fall ist, jedenfalls nicht speziell, denn jeder soll meine Musik mögen, das Alter ist egal und weder im Guten noch im Schlechten bedeutsam!

Umso schlimmer, dass ich vor einigen Jahren einmal das Angebot annahm, bei einer Tournee des Kindermusikprojekts »Unter meinem Bett« mitzumachen, bei dem verschiedenste Musiker aus der deutschen Indieszene von der Band »Die höchste Eisenbahn« begleitet selbstkomponierte Kinderlieder singen und große Hallen voller Kinder und progressiver Eltern damit unterhalten sollten. Und ich nun mittendrin. Wie konnte es dazu kommen?

Das ist schnell erklärt: Ich hatte tatsächlich zusammen mit Gereon Klug und Zwanie Jonson ein Kinderlied geschrieben, es hieß »Angeber« und es war, gesungen von mir, auf einem dieser »Unter meinem Bett«-Samplern erschienen. Deshalb hatten die mich auch gefragt. Zugesagt hatte ich aber nur, weil ich in großen finanziellen Nöten war und die Sache nach leicht verdientem Geld aussah. Gebucht wurde ich für drei Konzerte. Ich sollte »Angeber« singen und außerdem noch ein anderes Lied. Ich entschied mich für »Flaschenpfand« von der »Aus der Bibliothèque«, das schien mir passend, da lernen die Kinder was, dachte ich, nämlich, dass man Flaschen nicht in den Müll wirft, sondern sie, sofern es Pfand darauf gibt, lieber den Sammlern geben sollte, wenn man schon zu faul ist, sie selber zum Händler zu bringen. Das passte! Ich stellte mir ansonsten den Job ziemlich einfach vor: hingehen, die beiden Lieder singen, die Kinder zum Jubeln bringen, das Geld nehmen und nach Hause fahren. Besser geht's nicht, dachte ich.

Aber ich hatte die Rechnung ohne die Angst gemacht, meinen alten Wegbegleiter, der unaufgefordert überallhin mitkommt und mitredet und mitsingt. Ich kam beim ersten Konzert auf die Bühne, sah die Kinder, die mich mit großen Augen und offenen Mündern anstarrten, und bekam Angst. Und je mehr Angst ich bekam, umso mehr davon übertrug sich auf die Kinder, umso schlimmer starrten sie, umso weiter wurden ihre Augen, öffneten sich ihre stummen Münder und so standen wir uns gegenüber, sie voller Angst vor mir, ich voller Angst vor ihnen. Die Musik half dabei überhaupt nicht, sie zwang mich zum Singen, aber die Angst wurde dadurch nur noch schlimmer, die ganze Darbietung ein Feuerwerk der Angst und Sorge, ein trauriger Tiefpunkt des Tages für alle Beteiligten. Zweimal drei Minuten können sehr, sehr lang sein, und hier waren sie noch länger. Ich sang um mein Leben, aber es half nichts: Die Kinder starrten, ich starrte zurück. Interessant ist dabei, dass nicht eines der etwa tausend Kinder den Blick abwendete, sie waren beharrlich, quasi solidarisch; so wie ich nicht einfach von der Bühne gehen konnte, so konnten sie den Blick nicht abwenden, wir waren eine einzige große Bruderschaft der Angst, und wir waren es nicht gerne. Irgendwann war es vorbei, der letzte Ton von »Flaschenpfand« verklungen, und ich stahl mich von der Bühne, so schnell und unauffällig es nur eben ging. Beim großen Finale, bei dem alle noch einmal ein Lied zusammen sangen, stellte ich mich so in die letzte Reihe, dass keines der Kinder mich sehen musste, ich wollte ihnen das nicht noch einmal antun. Und mir auch nicht.

Aber es gab ja noch zwei weitere Konzerte, bei denen ich fest eingeplant war. Und natürlich hatten die anderen Beteiligten gleich gemerkt, was los war, wie auch nicht, mein Auftritt war ja das genaue Gegenteil von allem gewesen, wofür das Konzert gedacht war, man wollte die Kinder fröhlich machen und gut unterhalten, ich aber hatte ihnen Angst gemacht. Also sparten die Kollegen nicht mit guten Ratschlägen, die alle im Wesentlichen darauf hinausliefen, dass man die Kinder erst einmal ein bisschen animieren sollte, eine kleine Ansprache halten, vielleicht ein guter Witz oder ein »Seid ihr alle da?« oder so etwas, und das war natürlich genau nicht das, wofür ich als Künstler angetreten bin. Wenn es irgendetwas gibt, das zu mir nicht passt und das ich zutiefst verabscheue, sowohl als Künstler auf der Bühne wie auch als Gast im Publikum, dann ist es jede Form von Animation, Anbiederung, jovialem Gequatsche, der ganze Auflockerungsquatsch, der da so geboten wird und für den man sich schon als Zuschauer immer in Grund und Boden schämt, wie viel mehr noch als Künstler?!

Nun also sollte ich das bei den Kindern machen und ich dachte: Nein, das haben die Kinder nicht verdient. Dann gehe ich lieber raus und habe Angst.

Und so kam es auch. Das zweite und das dritte Konzert waren genau wie das erste. Aber ich hatte jetzt eine Botschaft und deshalb kam ich damit klar.

Meine Botschaft lautete: Ich bin das Monster unter dem Bett. Und das Monster unter dem Bett hat genauso viel Angst vor dir wie du vor ihm!

Legasthenie und Lesungen 1: Vernunft!

Während meiner Zeit in der Gesamtschule wurde bei mir Legasthenie diagnostiziert. Das war eine Modekrankheit der Siebzigerjahre, deren Diagnostizierung für den Betroffenen aber weitgehend folgenlos blieb. Der einzige Effekt war, dass man in den meisten Fächern eine noch schlechtere Note bekam als eigentlich notwendig. Weil man eben Legastheniker war, da hatte man es nicht besser verdient.

Bei mir äußerte sich das Problem, das man als Legasthenie bezeichnete, eher schubweise. Ich schrieb etwas wie »fiel Glück«, sah gleich, dass da etwas nicht stimmte, und zweifelte sofort alles an, was ich je geschrieben hatte, konnte Richtig und Falsch nicht mehr unterscheiden, mein Gehirn fing an zu rasen, es kam zur Panik und ich war wie gelähmt, konnte nicht weiterschreiben. Beim Lesen war es genauso. Ich konnte gut vorlesen, aber wenn ich mich einmal verhaspelte, verlor ich die Sicherheit und konnte nicht mehr weitermachen, der kleinste Fehler konnte mich so rausbringen, dass es nicht mehr weiterging mit dem Lesen, aus, vorbei!

Nachdem Sven Regener und ich das Buch »Ärger mit der Unsterblichkeit« herausgebracht hatten, sollten wir natürlich auch ein paar Lesungen absolvieren, das war ja klar, nicht nur aus Werbegründen, nein, man konnte sogar, wie ich zu meinem Erstaunen glaubhaft erzählt bekam, tatsächlich Geld damit verdienen, da sagt man nicht so leichtfertig nein!

Aber ich war natürlich immer noch handfester Legastheniker, auch wenn das jetzt, wo ich kein Jugendlicher mehr war, keinen mehr interessierte, denn es ist ja so: Legasthenie ist keine Kinderkrankheit, man leidet auch im fortgeschrittenen Alter darunter, aber das Verständnis der Umwelt bewegt sich bei Erwachsenen asymptotisch gegen null! Vor allem, wenn man dann auch noch ein Buch herausgebracht hat, da hat dann gleich keiner mehr Verständnis für sowas, wie kann einer Legastheniker sein, der einen solch dicken Wälzer herausgebracht hat wie »Ärger mit der Unsterblichkeit«, so ungefähr muss man sich das wohl vorstellen, was den Leuten zu diesem Thema durch den Kopf ging.

Nun also Lesungen. Das war natürlich für mich nicht zu stemmen. Lesen, verhaspeln, Blackout, und das alles vor Publikum? Nicht mit mir! Sven Regener dagegen liest alles weg, was nicht bei drei auf dem Baum ist, so sehe ich das jedenfalls, außerdem hat er ein weniger enervierendes Sprechorgan, das muss man leider auch mal sagen, meine Stimme ist gut, sie dringt gut durch, sie kann sich gegen alles durchsetzen, aber sich damit einen neunzigminütigen Lesevortrag anhören? Das wollen nicht viele!

Andererseits trug das Buch meinen Namen und es trug ihn zu Recht, es ging ja in dem Buch um mich und meine Geschichten. Da konnte ich mich nicht gut drücken. Gott sei Dank bin ich ein multimedial interessierter Mensch. Zu allem, was in dem Buch beschrieben worden war, gab es Zeugnisse, Filme, Bilder, Gegenstände, und ich hatte davon noch vieles zur Hand, deshalb kam es zu einer legasthenie-konformen Arbeitsteilung zwischen Sven Regener und mir: Er las vor, ich zeigte Dinge, führte also

Filme vor, Videos, hielt Gegenstände hoch wie etwa bemalte Steine, zerkratzte Platten und ähnlich eindrucksvolle Reliquien aus meiner persönlichen Geschichte. Die Sache lief gut und wir werden sie wieder tun, das sei hier an dieser Stelle in diesem Buch schon einmal angekündigt!

Die Liebe und der Ärger der anderen

Nach der Platte »Aus der Bibliothèque«, die 2014 rauskam, habe ich erst einmal ein Buch geschrieben, das erschien 2015, ich schrieb es zusammen mit Sven Regener, ich erzählte, er schrieb es auf, es handelt von meinem Leben, man kann darin viel über mich und das, was ich erlebt habe, erfahren.

Dadurch, ich muss es leider sagen, wurde ich meines Lebens auch ein wenig überdrüssig, nicht in der Weise, dass ich es beenden wollte, aber doch so sehr, dass ich keine Lust mehr hatte, davon zu erzählen. Immer nur ich, ich, ich, das ermüdete mich auf Dauer, das wurde mir zu einsilbig, und als einmal nach einer Lesung eine Frau zu mir kam und »Sie armer Kerl, was Sie alles durchgemacht haben!« sagte, war für mich endgültig der Ofen aus. Ich wollte mit mir selber und meinen eigenen Erlebnissen nichts mehr zu tun haben und niemanden mehr behelligen. Das war alles abgefrühstückt, vorbei, vergessen, Vergangenheit!

Ich wollte aber eine neue Platte machen, und die Herausforderung war damit vorprogrammiert: Wie schreibt man lauter Stücke mit Text und allem und vermeidet dabei peinlichst genau, dass man irgendetwas von sich selbst erzählt? Das reizte mich, das war aufregend. Ich hatte auch schon einen Arbeitstitel: »Der Ärger der anderen«.

Also ging ich die Vorbereitung auf zwei Ebenen an: auf der künstlerischen, indem ich die Stücke zu entwerfen begann, und auf der geschäftlichen, kulturindustriellen Seite, durch einen Besuch bei einem großen Vertrieb, der behauptet hatte, an meiner nächsten Platte interessiert zu sein, und mit dem Maurice Summen von Staatsakt eine Art Vereinbarung hatte. Da wurden wir, man kann es nicht anders sagen, sauber verschaukelt, erst liefen sie uns hinterher, aber als wir bei ihnen klingelten, machten sie im Grunde gar nicht erst auf, es war schlimm und peinlich und hinterhältig, und Maurice und ich waren sauer. Wir beschlossen, es ihnen zu zeigen und dafür zu sorgen, dass mein nächstes Album in die Charts kommen würde, in die Album-Charts, da war ich noch nie gewesen,

Indie-Charts, Dance-Charts, Single-Charts, Alternative-Charts, die kannte ich schon, aber in die Album-Charts hatten sie mich nie reingelassen, da war noch was offen!

Auf der künstlerischen Seite ging es derweil munter voran. Zuerst einmal mussten die Texte für die Stücke entstehen, also ging ich wieder in die Bücherhalle am Hühnerposten und lieh mir diesmal, im Unterschied zur vorigen Platte, keine CDs aus, sondern ganz klassisch Bücher, denn ich brauchte für die Texte Informationen über das Leben und den Ärger der anderen, meinen eigenen Kram konnte ich ja neuerdings nicht mehr benutzen. Das waren schöne Wochen, in denen ich mir alle möglichen Ideen für Songtexte aus den großen Romanen der Weltliteratur, aber auch aus den dicken Schinken der Schundliteratur herausschrieb, vor allem aber plünderte ich die biographischen Bücher aller möglichen Prominenten aus allen möglichen Jahrzehnten und Jahrhunderten und munitionierte auf diese Weise meinen Ideenvorrat auf.

Außerdem holte ich mir Verstärkung an Bord, die üblichen Verdächtigen, aber auch ein paar neue Gesichter, am Ende schrieben Wolfgang Müller,

Francoise Cactus, Carsten Friedrichs und Maurice Summen an der Platte mit, die hatte ich alle auf meine Seite gezogen.

Aber die Album-Charts wollten natürlich auch bedient werden. Die Texte waren vielleicht gut und nichts gegen Musik, aber jetzt mussten vor allem die Album-Charts erreicht werden, dahinter musste alles andere zurückstehen. Für künstlerischen Dünkel, Ausdruckseskapaden oder Ähnliches hatte ich bei diesem Projekt keine Zeit, auch wollte ich nicht unbedingt ein homogenes Album haben, bei sowas kann zu leicht zu viel danebengehen, und ansonsten galt: Zweifel und Hader ohne mich, es musste in alle Richtungen geschossen und jedes Register gezogen werden, und dann wollte ich auch schnell auf Masse kommen und zügig veröffentlichen, weil der Sommer nahte, eine Zeit, in der kaum Platten verkauft werden und man deshalb leicht in die Charts kommt, da genügen manchmal schon tausend verkaufte Einheiten, um unter den Blinden der einäugige König zu sein.

Irgendwann hatten wir also viele Texte von vielen Leuten, aber noch keine Musik und keinen Produzenten. Das machte nichts, fanden Maurice und ich, im Gegenteil, dachten wir, dadurch sind wir frei, nehmen wir doch statt nur einem Produzenten gleich ganz viele, für jedes Stück ein anderer Produzent, lassen wir einfach jeden einmal ran, dann ist auch für jeden was dabei auf der Platte, außerdem, das wussten wir, zählt bei den Album-Charts nicht die Stückzahl, sondern der Umsatz, also planten wir ein Doppelalbum, das kostet mehr und man kann mit noch weniger verkauften Einheiten noch höher in die Charts kommen.

Wir sprachen viele Produzenten an und konnten schließlich zehn von ihnen für unser Projekt gewinnen, das waren Andreas Spechtl, Luca Anzilotti, Zwanie Jonson, Arian Beheshti, Ramin Bijan, Stereo Total, Moses Schneider, T. Raumschmiere, Mense Reents und Tim Lorenz. Mit jedem von ihnen machte ich zwei Stücke, mit manchen auch mehr. Im Ganzen hatten wir dann zwanzig Stücke, das reichte für ein Doppelalbum.

Weil die deutschen Album-Charts nach Umsatz ermittelt wurden, war es damals vor allem bei Hip-Hoppern groß in Mode, dicke, teure Boxen rauszubringen, in denen die Platte als LP und CD enthalten war, außerdem eine billige Sonnenbrille und ein T-Shirt mit irgendwas drauf, meistens dem Künstler- oder Plattennamen, das war ziemlich abgeschmackt, aber wirkungsvoll, das wollten wir auch, denn ohne sowas hätte das mit den Charts nicht geklappt. Wir entwickelten eine Box, die so teuer war, dass sie das Preislimit der Gesellschaft für Konsumforschung erreichte, nämlich 49,90 Euro. Eine solche Box zählte letzten Endes für die Charts so viel wie vier oder fünf CDs. Wir taten aber kein T-Shirt und keine Sonnenbrille hinein, sondern stopften die Box voll mit Vinyl, CD, einer Musikkassette mit sechs unveröffentlichten Stücken und einer 7"-Flexidisc, auf diese Weise konnten wir uns einreden, dass wir mit der Box auch künstlerisch-musikalisch unterwegs waren und nicht nur billigen Plunder unter die Leute brachten.

Die künstlerisch-musikalische Seite entwickelte bei dieser Platte allerdings ein ziemliches Eigenleben. Es passierten Dinge, die ich nicht gewollt hatte. Mein ganzes Leben habe ich mich geweigert, Liebeslieder zu schreiben, hier gab es gleich fünf oder sechs davon, das war einfach so passiert und konnte auch einfach so passieren, weil die Stücke ja von dem Ärger, also dem Leben der anderen handeln und nicht von mir, da rutscht einem sowas schon mal durch. Und nach all den Jahren ohne Liebeslieder, in einer Zeit, wo sowas von mir keiner mehr erwartete und auch keiner wollte, kam ich damit um die Ecke. Schlimm! Das einzig Gute daran war, dass sie nicht von mir handelten, wenigstens das!

Die Stücke auf diesem Doppelalbum sind, wenn man ehrlich ist, nicht besonders gut, ein paar gehen so, die Mehrzahl empfinde ich heute als eher schwach, eigentlich damals schon, bloß dass das damals egal war, weil ja das Erreichen der Album-Charts das alles überwölbende Thema war, dem sich die Musik gefälligst unterzuordnen hatte, und auf diesem Gebiet stellten sich auch gleich die schönsten Erfolge ein insofern, als das Album auf Platz 56 in die Charts einstieg, in der Woche drauf noch in den Sechzigern war, sehr zu meinem Erstaunen, um dann erst in der dritten Woche ganz aus den Album-Charts herauszufallen.

Das war aber nicht schlimm. Wichtig war nur: Wir hatten es dem Majorvertrieb gezeigt! Wir hatten uns ein Ziel gesetzt und wir hatten das Ziel erreicht.

Mehr als erreicht sogar, weil es nicht nur eine, sondern zwei Wochen in den Album-Charts war.

Wegen der Sache mit den Liebesliedern konnten wir den Arbeitstitel nicht halten, wir mussten ihn zu »Die Liebe und der Ärger der anderen« erweitern.

Der Bachelor

In einer Hinsicht bin ich nicht anders als alle meine Popmusikerkollegen: Auch ich träume heimlich von dem, was ich den »Weißen Wal« nenne, ein Stück Popmusik, das zum Hit wird, ohne dass man selbst oder die Plattenfirma damit gerechnet oder auch irgendetwas Nennenswertes dafür getan hätte, ein Ausrutscher nach oben gewissermaßen, ein Selbstgänger, den man per Zufall und ohne Hitabsichten geschaffen hat, der aber mit Zeitereignissen zusammenfällt, die ihn nach oben pushen, der sich also auch ohne Marktmanipulation als das ganz große Glückslos entpuppt, sowas ist selten, aber nicht völlig unmöglich, denn egal, was andere sagen: Die Kulturindustrie ist in ihren Erfolgswegen nicht weniger willkürlich als die Nordwestdeutsche Klassenlotterie.

Mein Weißer Wal hieß »Ossi mit Schwan«, das war ein Stück, das auf der Doppel-LP »Die Liebe und der Ärger der anderen«, die 2017 erschien, als eines von vielen Stücken zu finden war und eigentlich nichts Besonderes hermachte, ein Lied ohne großen Refrain oder Ähnliches, auf jeden Fall nicht die Art von Stück, bei dem man an eine Hitsingle denkt, ein textlastiger Albumtrack, der irgendwie mitläuft und dabei ganz dekorativ und informativ ist. Er wurde zwar von mir und Maurice Summen, dem Besitzer von Staatsakt, also der Plattenfirma, als Singleauskopplung ausgewählt, aber nur, weil wir sowieso keine Hits auf der Platte vermuteten und dachten, es wäre doch gut, wenn man schon keinen Hit hat, ein extra unhittiges Stück nach vorne zu schieben, um gleich mal keine Missverständnisse aufkommen zu lassen, um die Fronten zu klären, um bei dieser Gelegenheit ein bisschen einen auf Leftfield und Niveau zu machen, denn nichts ist schlimmer, als einen Pseudohit zu promoten, und dann performt der nicht am Markt und alle stehen wie die Vollidioten da, dann lieber, dachten wir, »Ossi mit Schwan«, dieses Stück hatte wenigstens ein gewisses exzentrisches Alleinstellungsmerkmal, und sei es nur durch die Verwendung des topfigen Wortes »Ossi« im Titel, das zu benutzen sich ja im Jahre 2017 schon lange keiner mehr traute.

Der Text des Stückes stammte von Carsten Friedrichs und beruhte auf einer wahren Geschichte, die hatte er 2008 in der tz in München gefunden, und zwar hatten, so die tz, zwei betrunkene Bayern am 9. Mai »auf den Isar-Kieseln am Flaucher« einen ostdeutschen Touristen angepöbelt und geschubst und schließlich hatte einer von ihnen namens »Sebastian P.« auch noch einen lebenden Schwan am Hals gepackt und damit auf den Ossi eingeschlagen, außerdem den Ossi getreten, mit einem Grill beworfen und was nicht alles, sehr brutal und unangenehm, aber guter Stoff für ein Lied gegen Fremdenhass und Tierquälerei.

Dieses Lied war »Ossi mit Schwan« und Carsten Friedrichs hatte beim Texten ganze Arbeit geleistet, in dem Stück wird das Geschehene von allen Seiten erzählt und beleuchtet, kein Detail wird ausgelassen, und die Musik trägt das gut über die Zeit, es gibt sogar so etwas wie einen kleinen Refrain, den hatte ich noch eingefügt, aber er ist unaufdringlich, und ansonsten hatte Zwanie Jonson, der Produzent, wahre Wunder gewirkt, um es irgendwie hinzukriegen, die bitteren, düsteren Geschehnisse des Textes mit der leichten, dancigen Musik zu versöhnen, die wir dafür vorgesehen hatten. Von der Textmenge her hätte man eigentlich einen Folk- oder Protestsong daraus machen müssen, aber das wollten wir natürlich auf keinen Fall, und so ist es zwar ein typisches Dorau-Stück geworden, aber eines der textlastigsten, die die Welt je gesehen hatte.

Das Album lief sehr ordentlich, aber das war nicht der Single geschuldet, die Single kam zwar gut an und wurde positiv wahrgenommen als Zeichen gegen Hass und Gewalt und auch als schöne Musik, aber das war's dann schon.

Drei Jahre später hatte ich jedenfalls ganz andere Dinge im Kopf, als ich plötzlich einen Anruf von Thorben Kaiser, der sich für mich um Internet- und Social-Media-Dinge kümmert, erhielt, ob ich das mit dem »Bachelor« mitbekommen hätte. Er meinte die Fernsehsendung von RTL, einen dieser Quotenhits, bei denen eine Gruppe von jungen Frauen um einen Mann buhlt, im Bikini, am Strand und sonst wo, und wo sie eine Blume bekommen, wenn sie eine Runde weiter sind oder sowas, ich weiß es auch nicht, das ist jetzt mal eine von den Sachen, bei denen ich im Fernsehen immer weiterschalte, weil sie so peinlich sind.

Da gab es dann aktuell einen »Bachelor«, einen Sebastian P., von dem das Gerücht umging, dass er als Achtzehnjähriger einer von den beiden Typen gewesen war, die damals den Ossi mit dem Schwan gehauen hatten, das ging durch alle Medien und wurde quälend langsam aufgeklärt; er leugnete erst einmal, dass er das überhaupt gewesen sei, dann kam raus, dass er als Täter sogar gerichtsnotorisch feststand, dann wollte er nicht mit dem Schwan gehauen haben und so weiter und so fort, das schleppte sich, wie all dieser Trash-TV-Schmutz, über Wochen durchs Internet und die einschlägigen Klatschsendungen im Fernsehen und verstopfte die Society-Printmedien. Dabei kam irgendwann auch mein Stück »Ossi mit Schwan« wieder an die Oberfläche und wurde vielfach gerade im Internet benutzt, um die Berichte musikalisch und auch mithilfe meines zu dem Stück gehörenden Videos optisch zu unterlegen. Auf diese Weise, als ein Lied, das Schlimmes über einen Prominenten enthüllte, wurde »Ossi mit Schwan« dann doch noch zu meinem kleinen Weißen Wal, meinem Glückslos, zwar kein Hauptgewinn wie etwa »Looking For Freedom« oder »Wind Of Change«, aber ein Glückslos war es doch.

Die Idee ist ja letztendlich, ein Stück geschaffen zu haben, das sich im kollektiven Gedächtnis als Begleitmusik bestimmter Ereignisse für immer eingebrannt hat. Kein Bericht über den Mauerfall ohne »Wind Of Change«, kein Film über Bankencrashs ohne Abbas »Money, Money, Money«, kein Weihnachten ohne »Last Christmas«.

Und kein Bericht über einen Ossi, der von einem Schwan verprügelt wird, ohne »Ossi mit Schwan«!

Legasthenie und Lesungen 2: Leichtsinn

Ich habe in »Legasthenie und Lesungen 1« beschrieben, wie vernünftig ich sein konnte, wenn es um das Thema Lesungen, Vorlesen, Schreiben und so weiter geht. Dieses Kapitel handelt vom Gegenteil, von Übermut, Hochmut, Anmaßung und dergleichen mehr, Verhaltensweisen, die bei mir alle unter die Kategorie »Leichtsinn« fallen, man muss die Dinge ja irgendwie einordnen.

Es war nämlich so, dass der Musiker, Performancekünstler und Hörspielproduzent Zeitblom mich fragte, ob ich bei einer Hörspielproduktion für den Bayerischen Rundfunk namens »Adornos Traumprotokolle« mitwirken wolle. Es ging darum, dass ich Textpassagen einsprechen sollte, die von Theodor W. Adorno kamen, als direkte Zitate. Ich fragte den Herrn Zeitblom auch gleich, wie er ausgerechnet auf mich gekommen war, und er sagte, das sei eine Idee der Redakteurin vom Bayerischen Rundfunk gewesen, weil deren Meinung nach meine Stimme der von Theodor W. Adorno sehr stark ähneln würde, da sei das doch eine gute Idee!

Das fand ich auch, ich war geschmeichelt. Wenn positive Dinge über meine Stimme gesagt werden, bin ich so gut wie wehrlos, das ist auf jeden Fall mein Kryptonit. Ich ließ mir die Texte schicken und sie gefielen mir und waren auch angenehm kurz und so sagte ich kurzerhand im Rausch der Ereignisse zu.

Ich reiste nach Berlin, dort war das Studio, in dem das Hörspiel produziert werden sollte. Man gab mir ein Mikrofon und ließ mich lesen. Viel war es nicht, vielleicht zehn Seiten, das Hörspiel bestand ja nicht nur aus Adorno-Zitaten und nur die sollte ich einlesen und später würden sie dann eingefügt, so hatte ich das jedenfalls verstanden. Ich hatte auch geübt. Und die schwierigen Wörter und all das waren auch kein Problem. Es ist ja ein Irrtum, wenn die Leute glauben, dass der Legastheniker ein Problem mit schwierigen Wörtern hat, ganz im Gegenteil, oft sind es die einfachsten Wörter, an denen der Legastheniker scheitert, vor allem, wenn sein Vorname mit A beginnt!

Deshalb ging es ganz gut los, ich las flüssig und gutgelaunt und von mir selber angenehm überrascht den guten alten Adorno aufs Band, dass es nur so eine Freude war. Ich sah schon jubelnde Kritiken der Rundfunkjournalisten und Hörspielafficionados vor meinem geistigen Auge, während ich meine Adorno-Stimme in die Welt hinausposaunte.

Bis zum ersten Verhaspler. Der kam spät, ich war schon fast am rettenden Ufer, aber er kam, und als er kam, änderte er alles. Es war wie eine Massenkarambolage auf der Autobahn, ein Wort raste in das nächste, von überall her sausten die Unaussprechlichkeiten herbei und schoben sich ineinander wie die Volkswagen bei Glatteis im Dunkeln am Kamener Kreuz. Wir reden hier über die letzten zehn Zeilen, bis dahin war alles glattgegangen, aber nun war es vorbei. Aus und vorbei. Das war wirklich einer der schlimmsten, schwärzesten Momente, eine der dunkelsten Stunden in meinem ganzen Leben. Noch nie hatte ich mich so geschämt. Und da waren Leute, die das miterlebten! Nette Leute. Die waren geduldig. Sie ließen mich erst einmal eine Pause machen, mich ausruhen, das wird schon, hieß es, kein Problem, immer mit der Ruhe, wir machen das erst einmal Zeile für Zeile. Ich also Zeile für Zeile, aber eigentlich nur eine Zeile, denn ich schaffte sie nicht. Ich konnte keine zusammenhängenden Wörter mehr aussprechen, überhaupt keine Wörter mehr, ich war am Ende.

Und nun wurde es übel! Wort für Wort, jedes für sich alleine, quälte ich mich durch die letzten Zeilen, robbte mich Millimeter für Millimeter dem Ziel entgegen, es kamen keine Sätze mehr, nur noch Worte, manchmal nur Silben, ich schämte mich vor den Leuten, die Leute schämten sich dafür, dass ich mich schämte, sie wollten nur noch, dass es aufhörte, ebenso ich natürlich, aber es musste zu Ende gebracht werden, noch ein Wort und noch ein Wort und irgendwann sagte jemand »Ich glaube, wir haben es jetzt, das fügen wir dann irgendwie zusammen!«, was ich mir natürlich kaum vorstellen konnte und auch heute nicht vorstellen kann, aus dem Gestammel konnte unmöglich etwas Sinnvolles entstehen, ich habe mir das Ergebnis nie angehört, vielleicht ist ja auch der kleine letzte Rest der Adorno-Zitate von jemand anderem gesprochen worden, vielleicht wurde das irgendwie kompensiert, ich kann mir jedenfalls nicht vorstellen, wie man diese Worte zu Sätzen zusammenfügen wollte, es war zwar so, dass ich mit den einzelnen Worten, die da mühsam ihren Weg aus meinem Mund fanden, so etwas wie eine Satzmelodie nachzubilden versuchte, aber das machte wahrscheinlich alles nur noch schlimmer.

Das waren wirklich sehr nette Leute, sie haben mir sogar das Honorar ohne Abzug ausgezahlt, dabei habe ich sie sicher viele Stunden Extraarbeit gekostet, und ich hätte mich nicht beschwert, wenn sie mich wortlos und ohne Geld nach Hause geschickt hätten.

Manchmal ist die Welt besser, als man denkt.

König der Möwen 1: Leichtsinn und Hochmut

Vor einigen Jahren, ich glaube, es war das Jahr 2017, aber da müsste ich erst einmal nachgucken, lag ich in der Badewanne und ärgerte mich. Ich hatte tags zuvor ein Theater besucht, ich weiß nicht mehr, welches, was kein Wunder ist, und ich weiß auch nicht mehr, welches Stück, weil ich das lieber nicht sagen will, jedenfalls ärgerte ich mich über das Theaterstück, nicht aber wegen des Stückes selbst, sondern wegen des Bühnenbildes, ich dachte, wieso haben die im modernen Theater immer diese hässlichen abstrakten Bühnenbilder, und ich nahm mir vor, das selber gleich mal besser zu machen. Vor allem die Sache mit dem Bühnenbild, ich hatte sofort eine gute Idee für ein schönes Bühnenbild, ein Setting, das jeder mag, über das sich jeder freut, wo jeder, der es sieht, sich nicht fragen muss, was der Scheiß soll, weil er (oder sie) ästhetisch und von der Intelligenz her beleidigt und darüber hinaus mit bescheuerten Metaebenen, Allegorien, Metaphern und was weiß ich nicht allem quasi erschlagen wird. Meine Idee stellte sicher, dass es nicht so kommen würde, meine Idee war etwas für alle und jeden, sie würde, dessen war ich mir sicher, das Deutsche Theater vom Kopf auf die Füße stellen, es war das perfekte Bühnenbild: ein Plattenladen!

Zwei Stunden später war ich mit Gereon Klug verabredet, das war ein Zufall, aber ein glücklicher, denn Gereon Klug hatte einst in Hamburg einen Plattenladen gegründet, einen der letzten, es ist die »Hanseplatte«, die gibt es immer noch, da war ich gleich beim Richtigen!

Ich erzählte ihm kurz von meiner Idee, Plattenladen, Bühnenbild, Theater, da ging es ratzfatz, von überall kamen die Ideen für ein Theaterstück, nach nicht einmal zwei Stunden hatten wir das im Großen und Ganzen fertig. Es hieß »König der Möwen«, ein Spitzentitel, wie ich fand, weil mir erst einige Tage später bewusst wurde, dass es sich dabei irgendwie auch um ein bescheuertes Wortspiel handelte, eine alberne, leicht verächtlich machende Reminiszenz an das in Hamburg, der – man muss es leider sagen – Musicalhauptstadt Deutschlands, omnipräsente Musical der Stage Entertainment namens »König der Löwen«, für das man eigens im Hamburger Hafen ein Musicaltheater gebaut und einige Fährschiffe des HVV verunstaltet hatte. Aber einen besseren Titel hatte ich nicht, also blieben wir dabei, man darf sich von den Musicals dieser Welt nichts vorschreiben lassen, nicht mal im negativen Sinne.

Das Stück war also eigentlich fertig, jedenfalls in einer rudimentären Treatment-Fassung, die wir nur noch ausarbeiten mussten, nachdem wir beide, also Gereon und ich, vor allem aber Gereon, der in dieser Hinsicht gute Verbindungen hat, erst einmal einen Regisseur und ein Theater dafür gefunden hatten. Damit hätten wir dem modernen Theater einen Weg gewiesen, hätten wir unser deutliches Zeichen gesetzt gehabt und die Sache dann anderen Leuten zur Realisierung überlassen können. Das wäre der leichte Weg gewesen. Aber der leichte Weg ist nicht mein Weg.

Denn kaum war diese Option da, kam mir eine neue Idee, geboren aus einer plötzlichen Abscheu vor einem Dasein als Theaterautor. Theaterautor wollte ich auf keinen Fall sein! Ich hatte schon viele

Dinge auf viele Bühnen gebracht und mich in vielen Bereichen profiliert, aber Theaterautor, das war mir zu viel, das Feld wollte ich nicht beackern, so sah ich mich nicht. Theaterautor Dorau? Nicht in diesem Leben! Und auch nicht im nächsten. Was denn noch alles? Jedenfalls nein. Da machte ich aus der Not eine Tugend und plapperte heraus, was mir gerade durch den Kopf rauschte, nämlich sagte ich zu Gereon Klug: »Warum nennen wir das nicht einfach ein Musical?«

Also schrieben wir auf das Deckblatt des Stücks unter »König der Möwen« einfach »Ein Musical« und gut war's. Dass es »König der Löwen« auch gab und dass das auch ein Musical war, fiel mir erst einige Tage später auf, das war natürlich ein kleiner Schock. Weil aber eine Möwe wirklich in unserem Stück eine der Hauptfiguren war, war der Titel gerechtfertigt, »König der Möwen« war eben nicht nur billiges Wortspielgeklingel, sondern umreißt ziemlich genau die Rolle, die die Möwe in unserem Stück spielt. Der Titel konnte also bleiben und durch den Zusatz »Ein Musical« musste ich keine Angst mehr haben, als Theaterautor dazustehen. Das war eine große Erleichterung, auch weil das Titelfindungsproblem, das mich durch mein gesamtes Leben bei allen meinen Werken immer wieder genervt und mit dem ich immer wieder meine Mitmenschen gequält hatte, schon in dieser frühen Phase gelöst war, das gab mir ein gutes Gefühl.

Wir boten das Treatment Kampnagel an, einer Hamburger Institution, einer Mischung aus Kulturzentrum, Theater und Konzerthalle, in der auch Festivals veranstaltet werden. Der Plan war, das Stück bei Kampnagel auf ein Sommerfestival zu bringen, damit es einen besonderen Rahmen kriegte und nicht auf den ausgetretenen Pfaden der handelsüblichen progressiven Theaterauswertung wandelte. »König der Möwen« sollte ein Solitär sein, kein Stück, das überall und nirgends gespielt wurde, sondern eins, das sich im Rahmen eines Festivals in das kollektive Gedächtnis des modernen Theaters als Aus- und Lösungsweg einbrannte – mit einem Plattenladen als Bühnenbild!

Und wir rannten mit dem Stück auch gleich offene Türen ein, das war dann doch ein bisschen eine Überraschung. Dabei, so schien es, half vor allem die Sache mit dem Zusatz »Ein Musical«, Musicals waren wohl neuerdings der heiße Scheiß, der Film »Lala Land« war gerade durch die Decke gegangen, alle wollten Musicals haben, damit hatten wir nicht gerechnet, aber wir nahmen es gerne in Kauf.

Kampnagel jedenfalls nahm das Stück mit Kusshand an. Wir brauchten als frischgebackene Musicalproduzenten jetzt nur noch einen Regisseur und entschieden uns für Patrick Wengenroth, der war uns von Kampnagel empfohlen worden, dem wollten wir uns gar nicht erst entziehen, selber Regie zu führen, darauf hatte ich seit dem Debakel mit meiner Münchner Oper »Die Überglücklichen« keine Lust mehr, da hatte ich ausnahmsweise mal meine Grenzen erkannt, und auch Gereon hatte ich davon abhalten können. Wie oft bei solchen Gemeinschaftsarbeiten war es ab einem gewissen Punkt vernünftig, eine dritte, neutrale Person ins Boot zu holen, einen Lotsen gewissermaßen, der das Schiff durch schwierige Gewässer sicher in den Hafen führt.

Nun mussten wir das Stück nur noch schreiben. Das war einfach und ging uns gut von der Hand. Wir schrieben an drei Orten: in einem Hinterzimmer der Rechtsanwaltskanzlei Zimmermann und Decker, in einer Wohnung, von der man nicht wusste, wer drin wohnte, in die man uns zwischendurch immer wieder reinließ, das klingt jetzt nebulös, war es auch und mehr will ich hier auch lieber nicht verraten, und drittens in einer Ferienwohnung in Lütjenburg, jenem Dorf im Landkreis Plön in Schleswig-Holstein, von dem man schon so viel gehört und so wenig gesehen hatte.

Wir schrieben und schrieben und es ging munter voran und mittendrin kam ein Anruf von Gunther Buskies von Tapete Records. Er wollte wissen, wie weit wir mit der Musik seien. Wir hatten ihm nämlich die Exklusivrechte an einem Tonträger verkauft, um weitere finanzielle Förderung für unser Projekt zu ergattern. Bei dem Wort »Tonträger« hatten wir aus irgendeinem Grunde nicht weiter nachgedacht, das war alles noch viel zu abstrakt gewesen, Hauptsache, das Geld war zugesagt, wir brauchten jeden Euro für das Plattenladen-Bühnenbild und die Darsteller, die finanzielle Lage war bei diesem Projekt von Anfang an prekär, aber dazu später mehr. Jetzt hatten wir erst einmal Gunther Buskies in der Leitung, der davon sprach, dass so ein Tonträger einen langen Vorlauf habe und wir ihm doch schnell schon einmal die Musikaufnahmen zukommen lassen sollten.

Da erst, und wirklich erst da, wurde mir klar, dass ich die Sache mit »Ein Musical« vielleicht nicht ganz so konsequent durchdacht hatte, wie ich es hätte tun sollen. Gereon kann ich keinen Vorwurf machen, seine Idee war es nicht gewesen, das schlimme Wort »Musical« hatte ich ins Spiel gebracht und Gereon war wahrscheinlich davon ausgegangen, dass ich musikalisch sowieso einiges in der Hinterhand hatte, das wir jetzt benutzen konnten.

So war es aber nicht. Ich hasse Musicals und Musicalsongs. Immer schon. Ich hatte das Wort »Musical« nur ins Spiel gebracht, um nicht »Theaterstück« sagen zu müssen. Aber nun war klar, dass es mit einer reinen Musical-Behauptung, mit der ich gut hätte leben können, nicht getan war, Gunther Buskies verband das Wort »Musical« mit reellen musikalischen Erwartungen, außerdem hatten wir auf Grundlage dieser Behauptung auch schon Förderungen von allen Seiten bekommen und das Geld hatten wir für das Bühnenbild schon komplett verplant, da gab es kein Zurück mehr.

Also mussten Songs her, irgendwie! Schlimmer noch: Sie mussten mit dem Theaterstück, so will ich es jetzt einmal nennen, etwas zu tun haben und wir waren, was das Schreiben betraf, schon mittendrin, da musste also schnell musikalisch draufgesattelt werden, leichter gesagt als getan, Songtexte, Musik, wir hatten das überhaupt nicht eingeplant, vor allem aber waren wir sowieso schon im Stress, wir schrieben ja gerade das Theaterstück, das war kompliziert und anstrengend, da war ein Songtexte-und-Musik-Problem das Letzte, was wir gebrauchen konnten.

Hier aber erst einmal eine kurze Inhaltsangabe von »König der Möwen«, damit man sich ein Bild machen kann, welche Aufgabe wir uns da aufgehalst hatten: Es geht um Hans, den Besitzer des Indieplattenladens »Rillenreiter« im Hamburger Schanzenviertel, ein Geschäft, das in der Musikszene als gallisches Dorf gilt, in dem die Unabhängigkeit und Unkorrumpierbarkeit der Indiemusik gegen den Rest der Welt verteidigt wird.

Hans' Geschäfte laufen miserabel, er ist in ständiger Geldnot. Immer wieder findet er Tricks und Wege, um doch noch irgendwie an Geld zu kommen, aber es ist absehbar, dass er über kurz oder lang finanziell untergehen wird. Dabei hat er Wegbegleiter: den zum Ladeninventar gehörenden Dauergast Zippel, den zynischen Musiker André, den Musikjournalisten Thomas und die Angestellte Sanni. Außerdem gibt es eine junge vierköpfige Band, die sich nach Haltung und Identität verzehrt und diese Dinge bei Hans zu finden hofft.

Hans ist ein großer Freund der Möwen und sein morgendliches Ritual vor dem Aufsperren des Ladens besteht darin, die Möwen, die vor seinem Geschäft herumlungern, zu füttern. Seine Wegbegleiter machen sich deshalb über ihn lustig, aber er beharrt darauf, dass ihm als Kind einmal eine Möwe das Leben gerettet habe, wofür er diesen Vögeln für immer dankbar sei.

Hans hat der Marketingabteilung der Stadt Hamburg den Vorschlag gemacht, sich als Stadt ein Wappentier zuzulegen, so wie es viele andere große Städte auch haben, Berlin den Bären, München den Löwen und so weiter. Hans' Vorschlag für Hamburg: die Möwe.

Deshalb freut er sich, als ihm ein Besuch vom Hamburg-Marketing angekündigt wird. Zu seiner Überraschung sind das Katja, eine Ex-Freundin von ihm, und ihr Assistent, aber die beiden wollen mit ihm nicht über seine Möwen-Wappentier-Idee reden, sondern ihm das neue Hamburg-Maskottchen vorstellen, den Meikel, eine potthässliche Plastiknachbildung der Hamburger Hauptkirche St. Michaelis, die sprechen kann und in ausgesuchten »Trendläden« aufgestellt werden soll. Hans, der aus aufgeregter Erwartung heraus schon früh am Tag mit dem Alkoholtrinken begonnen hat, fängt an, die beiden anzupöbeln und den Meikel zu beschimpfen.

Aber der Meikel ist nur vorgeschoben, den findet Katja selber nicht gut, in Wirklichkeit geht es ihr um etwas anderes. Sie sucht mit Hans ein Gespräch unter vier Augen und schickt zu diesem Zweck sowohl Sanni als auch ihren Assistenten zum Kaffeeholen. Während Zippel weiter selig unter seinem Kopfhörer der Musik lauscht und deshalb nichts mitbekommt, weiht Katja Hans in eine streng geheime Angelegenheit ein: dass nämlich ein hohes ausländisches Staatsoberhaupt ein großer Indierockfan ist und unter Pseudonym auch Onlinekunde von Hans' Plattenladen und diesen Laden im Rahmen eines anstehenden Staatsbesuches unbedingt besuchen will.

Da aber Hans' Plattenladen im Schanzenviertel liegt, kann ein ausländisches Staatsoberhaupt von dem Kaliber, um das es hier geht, schon aus Sicherheitsgründen niemals da hingehen. Deshalb macht

Katja Hans im Namen der Stadt Hamburg ein unmoralisches Angebot: Er solle den Laden wegen eines angeblichen Wasserschadens für vierzehn Tage schließen. Zugleich würde eine Kopie seines Ladens in der äußerst sicheren, weil höchst gentrifizierten HafenCity original nachgebaut und mit allem bestückt werden, was es dafür braucht, Platten, Kunden und natürlich auch Hans. Sobald das ausländische Staatsoberhaupt den gefälschten Laden besucht habe, würde der wieder abgebaut und Hans könne dann den richtigen »Rillenreiter« wieder aufsperren und weiterbetreiben. Er würde für seine Mühe so viel Geld bekommen, dass er damit locker alle seine Schulden bezahlen könne. Es würde sogar noch etwas übrigbleiben! Katja verbürgt sich dafür, dass niemand etwas erfahren wird, die ganze Sache soll unter strikter Geheimhaltung über die Bühne gehen.

Hans, betrunken wie er ist, lehnt das Ansinnen rundweg und ohne lange zu überlegen ab. Katja geht davon.

Aber schon am nächsten Tag trifft er Katja wieder und es kommt, wie es kommen muss: Die beiden landen zusammen im Bett und verlieben sich wieder ineinander. Zum Abschied bittet Katja ihn, er möge das Richtige tun, ein Laden wie der »Rillenreiter« müsse unbedingt erhalten bleiben und Hans die Fahne der Indiemusik weiter hochhalten. Hans versteht das so, dass sie von ihm erwartet, dass er das Angebot der Stadt Hamburg annimmt, um finanziell überleben und den Laden weiterbetreiben zu können.

Aus Liebe zu Katja und gegen seine Überzeugung unterschreibt Hans den Vertrag mit der Stadt, schließt sein Geschäft wegen eines »Wasserschadens« und geht aufs Land zu seinen Eltern, um sich dort bis zum Tag des Staatsbesuchs zu verkriechen. In der Zeit versucht er, Katja immer zu erreichen, aber sie ruft ihn nicht zurück. Das macht ihn fast verrückt, aber er kann nichts tun.

Am Tag des Staatsbesuchs wird Hans in der HafenCity in den original nachgebauten »Rillenreiter« hineingestellt. Katja ist auch da, behandelt ihn aber kühl und abweisend. Dann stellt sich heraus, dass der Staatsbesucher gar nicht kommt; die ganze Mühe war umsonst. Hans will sein Geld trotzdem haben, aber man weigert sich, ihm unter diesen Voraussetzungen Geld zu geben. Er sucht das Gespräch mit Katja und muss dabei erfahren, dass sie ihn jetzt hasst, weil er seine Ideale verraten hat.

Hans ist nun völlig am Boden zerstört. Er hat kein Geld und seine neue Liebesbeziehung mit Katja ist auch schon wieder zerstört. Er betrinkt sich, taumelt durch das Schanzenviertel und gerät in die Eröffnungsfeier eines neuen Plattenladens, den eröffnen Sanni und Thomas, der Musikjournalist.

Geld weg, Freundin weg und die Welt dreht sich einfach munter weiter, sogar Plattenläden werden ohne ihn gegründet, nicht einmal als Plattenladenbetreiber ist er unersetzlich! Hans betrinkt sich noch mehr und kauft sich noch Drogen dazu, psychedelische Drogen, mit deren Hilfe er sich in einen Zerstörungsfuror hineinsteigert. Er nimmt eine zufällig herumstehende brennende Fackel und geht damit zur HafenCity, um den neuen, der Stadt gehörenden »Rillenreiter« und überhaupt die ganze HafenCity abzufackeln, er will den zweiten großen Brand von Hamburg!

Während er eifrig und ohne viel Erfolg in der HafenCity versucht, Beton und Glas in Brand zu setzen, tippt ihm auf einmal jemand auf die Schulter. Es ist der König der Möwen, ein etwa zwei Meter großes

Tier, das für alle anderen Menschen unsichtbar ist. Der König der Möwen bedankt sich bei Hans für die jahrelange Unterstützung der Hamburger Möwen und will ihm nun etwas für seine guten Taten zurückzahlen.

Der König der Möwen nimmt Hans mit in den »Hamburger Keller«, eine große Katakombe unter dem Stadtteil Sankt Pauli, in der eine psychedelisch anmutende immerwährende Party stattfindet. Dort mischen sich Hoch- und Subkultur in friedlicher Koexistenz, Richter Schill tanzt mit Tocotronic und Pete Best ist der Kopf der Beatles. Anhand dieser Party erklärt der König der Möwen dem total verwirrten Hans seine Sicht der Welt: Alles müsse im Gleichgewicht sein, alles bedinge sich, jedes Plus habe sein Minus, es brauche die Fortschrittsgläubigen wie die Bewahrer, und Hans habe seine Sache gut gemacht, er habe die Fahne der Indiemusik und der Schallplatten hochgehalten, aber er solle sich bitte auch nicht überschätzen, alles diene einer größeren Ordnung und dem allgemeinen Gleichgewicht und niemand sei unersetzlich. Und überhaupt sei alles erfunden.

Hans wacht in seinem Laden im Schanzenviertel auf. Er füttert die Möwen und öffnet den Laden. Ende.

Man sieht: Wir hatten uns viel vorgenommen. An dem Punkt, an dem Gunther Buskies' Anruf kam, hatten wir vielleicht gerade mal die Hälfte vom Stück fertig ausgearbeitet. Für die Songtexte und die Musik hatten wir noch keinen Plan. Uns schwante nichts Gutes und wir hatten recht damit. Wie sehr, das zeigt der zweite Teil dieser Geschichte.

König der Möwen 2: Demut und Kompromiss

In Windeseile brauchten wir Musik, und zwar Lieder. Außerdem brauchten wir eine Idee, wie die Lieder in das Stück einzubauen waren, wer sie wie singen sollte, das waren ja alles abgründige Probleme, von deren Lösung wir keinen Schimmer hatten.

Aber die Kernidee unseres Theaterstücks, Plattenladen als Bühnenbild, war schon mal eine gewisse Hilfe: Wo ein Plattenladen ist, da muss man die Anwesenheit von Musik nicht groß rechtfertigen. Heute denke ich, es wäre am schlauesten gewesen, hätten wir einfach irgendjemanden von den Akteuren zwischendurch in diesem Plattenladen mal eine Platte auflegen lassen, dann hätten die gerade auf der Bühne Anwesenden irgendwie mitgesungen und die Kuh wäre vom Eis gewesen. So schlau waren wir aber leider nicht.

Eine andere Möglichkeit war natürlich die Band, die immer in den Plattenladen kommt: Das sollten junge Leute sein, wir wollten dafür junge Schauspieler und deren Optimismus und Zukunftshoffnung sollten umgekehrt proportional zum Abstieg von Hans und seinem Plattenladen aufzeigen, dass die Welt ungerecht ist und das Neue das Alte ablöst und vernichtet. Dafür hätte man natürlich auch irgendeine tatsächlich existierende junge Band casten und die dann ihre eigenen Lieder spielen lassen können, in der Handlung als Demo für Hans oder Ähnliches, dann wäre da auch Musik gewesen und ein Zusammenhang zur Handlung des Stückes, die ja sehr dehnbar war, wäre auch leicht herstellbar gewesen. So schlau, aber auch so liberal waren wir nicht. Ich bin nicht nur nicht auf diese Idee gekommen, ich hätte mir auch verbeten, auf diese Idee zu kommen, weil dann ja andere Leute mit ihrer womöglich total geschmacklosen Musik unser Stück gekapert hätten, denn jeder weiß ja, die Musik gewinnt leider immer. Gerade das Letztere habe ich im weiteren Verlauf der Musicalereignisse auf dem ganz harten Weg lernen müssen. Aber davon später.

Wir wollten lieber alles selber in der Hand behalten. Dazu mussten wir Songtexte schreiben. Beim

Musical läuft es nun einmal so, dass man erst die Texte schreibt und die dann vertont. In der Popmusik ist es auch ganz gerne mal umgekehrt, beim Musical aber nicht. Wir mussten also Songtexte schreiben und dabei irgendwie einen Zusammenhang zum Stück herstellen. Obwohl ich davor eigentlich Angst hatte, weil sowas ganz schnell furchtbar werden kann. Das ist ja gerade das, was Musicals so ekelhaft macht, diese plumpe Einbindung von Songs in das Stück oder auch der Gebrauch von Songs zum Vorantreiben von Handlung und was es dergleichen Geschmacklosigkeiten sonst noch gibt, Songs mit Story, Gefühlszustand oder lautem Nachdenken – das Schlimmste überhaupt!

Trotzdem: Wenn schon Musical, denn schon Musical! Die einzig noch denkbare Alternative wäre das Allerschlimmste gewesen, nämlich der Gebrauch alter Dorau-Klassiker im Rahmen einer Theaterhandlung, also der ganze Mamma-Mia-, Queen-Das-Musical-, Rocketman-Scheiß, das wäre für mich ein Grund gewesen, aus dem Fenster zu springen, aber nicht im Erdgeschoss!

Wofür wir uns schließlich entschieden, war Folgendes: Wir schrieben ohne Rücksicht erst einmal munter drauflos, so schnell und gut wie möglich, Songtext um Songtext, immer Gereon und ich zusammen, eine Idee gab die andere, es ging gut voran, aber doch nicht schnell genug, wir brauchten noch Hilfe, deshalb schrieb Carsten Friedrichs auch noch ein paar Texte. Dann musste Musik dazu und das schnell aufgenommen werden. Gunther Buskies scharrte schon mit den Hufen!

Da gab es gleich mal ein paar Entscheidungen zu fällen: Ich wollte als Sänger nicht in Erscheinung treten. Die Schauspieler, die im Theater die Band darstellen würden, sollten die Musik auf der Bühne nicht spielen, oder wenn, dann nur als Playbackdarsteller, deshalb sollten die auch nicht im Studio dabei sein und auch nicht die Musik zu den Texten komponieren. Wir versuchten gar nicht erst, passende Leute zu finden, die etwa wirklich als Band hätten agieren können, das war uns zu heikel, man kennt die nicht und am Ende übernehmen die den Laden und dann gute Nacht!

Also nahmen wir die Musik mit den üblichen Dorau-Verdächtigen auf, Zwanie Jonson, Carsten Friedrichs, Gunther Buskies und ich. Sogar Gereon durfte etwas mitmusizieren, das war wenigstens mal was Neues. Dann war die Frage des Gesangs zu klären. Wir hatten noch keine Schauspieler gecastet, und singende Schauspieler sind für mich sowieso ein emotionales Problem. Also musste das jemand anders tun. Ich wollte das auf keinen Fall sein. Deshalb fragten wir herum, wer uns unsere Stimmen leihen wollte, und schließlich sangen auf der Platte Zwanie Jonson, Carsten Friedrichs, Gunther Buskies, Julia Wilton, Sab Janoh, Kenji Kitahama, Gereon Klug und Andreas Dorau. Der dann doch auch noch. Das hatte sich irgendwie so ergeben, es hatte mit Zeitnot und Charakterschwäche zu tun, ich möchte da nicht ins Detail gehen.

Die Platte war irgendwann aufgenommen und ich war erleichtert, dass Gereon und ich nun an dem Stück weiterschreiben konnten, denn das war noch lange nicht fertig.

König der Möwen 3: Phantasie und Wirklichkeit

Das Zu-Ende-Schreiben des Theaterstücks war kein großes Ding, wir waren schon so tief drin im Stoff, dass es sich praktisch von alleine fertigstellte. Aber inzwischen war Hochsommer und die Proben auf Kampnagel hatten begonnen. Patrick Wengenroth war fleißig am Inszenieren, die Schauspieler waren gecastet, und da die ersten drei Viertel des Stückes schon fertig waren, konnten die vorne in Ruhe arbeiten, während wir hinten noch letzte Hand anlegten. Es war das, was man in der Impfstoffzulassung ein rollendes Verfahren nennt. Wir tauchten morgens auf und schauten bei den Proben zu, was wohl irgendwie unerwünscht war, ich fühlte mich dabei jedenfalls immer etwas unwohl, wie einer, der anderen Leuten bei etwas zuguckt, bei dem er nicht zugucken sollte, und nachmittags schrieben wir dann weiter am Stück und das Stück schließlich auch zu Ende.

Schon vor den Leseproben stellte sich heraus, dass die Anzahl der Rollen unser Budget sprengte. Uns blieb nichts anderes übrig, als einige Rollen mit uns selbst zu besetzen. Patrick Wengenroth spielte den Journalisten Thomas, Gereon den Projektleiter beim Umbau des Rillenreiters und ich übernahm gleich zwei Rollen, zum einen den Hosendieb, der einzige Plattenladenkunde ever, der auch gleich noch eine Hose klaut, was die prekäre Situation des Plattenladens verdeutlichen sollte, sowie den König der Möwen, weil der nur vier Sätze hatte und zugleich ein tolles Kostüm mit Maske und allem Drum und Dran. Ich wollte eigentlich den König-der-Möwen-Text, obwohl er nur vier Zeilen umfasste, vom Band kommen lassen, weil ich Angst hatte, als Schauspieler wieder einmal zu versagen, ich hatte da ein Erlebnis als Kind in der Schule gehabt, als König Salomon, ich bin auf Könige abonniert, da hatte ich einmal den Text vergessen und war aus Panik von der Bühne und aus der Schule gerannt, der Lehrer immer hinterher, die Vorstellung wurde abgebrochen, das sollte mir nicht noch einmal passieren. Aber Patrick und Gereon waren gegen die Playbackidee, sei es, weil sie neidisch waren, weil ich es dann so einfach gehabt hätte, sei es, weil sie damit technisch überfordert waren, ich weiß es nicht, vielleicht hatten sie auch Angst, dass ich das Timing nicht richtig hinkriegte, jedenfalls musste ich die vier Sätze auswendig lernen, zusammen mit den zwei Sätzen vom Hosendieb waren das schon sechs Sätze, immerhin! Ich nahm das ernst und arbeitete hart.

Das Problem mit der Musik war aber immer noch ungeklärt. Ich wollte einfach die Songs von der Platte einspielen und die Leute dazu eine Playbackperformance machen lassen, auch die Schauspieler, die die Band darstellten, sollten auf irgendwelchen Instrumenten performen, ohne dass man etwas von ihnen zu hören bekam. Nur war es so, dass sich bei den Proben herausstellte, dass die Banddarsteller sich alle Songs draufgeschafft hatten und sogar richtig gut spielen konnten. Deshalb ließen wir sie bei der Record-release-Party der Platte, die noch vor der ersten Vorstellung veröffentlicht wurde, zum Spaß und zum Trost auftreten. Da spielten sie so gut und sangen so schön, dass alle ganz gerührt waren, auch ich, also ließ ich mich erweichen und war damit einverstanden, dass sie zwei Stücke im Theater live spielen durften. Außerdem sollte Patrick Wengenroth ein Stück live singen, der hatte eine sehr schöne Stimme. Der Rest kam vom Band, also von der CD, die wir aufgenommen hatten.

Zu der Platte muss man sagen: Ich mag sie nicht. Ich musste aber meinen Namen draufschreiben. Das kann ich mir bis heute nicht verzeihen, aber so ist es nun einmal. Es stimmt ja auch: Ich habe die Platte mitproduziert. Mein Problem mit ihr ist grundsätzlicher Natur: Sie ist wie ein schlechtes Blatt beim Skat: aus jedem Dorf ein Hund! Das liegt zum Teil daran, welche Rolle wir der Band in dem Theaterstück zugedacht hatten: Sie sollte den Opportunismus und das permanente Sich-neu-Erfinden der Musiker aufs Korn nehmen. Deshalb kommt die Band im Stück immer wieder in den Plattenladen und hat sich gerade ein neues Image und einen neuen Sound gegeben, einmal ist sie Indierock (»Ben Ben Ben«), dann Soul (»The New Feelings«), dann erfinden sie »verlässliche Schunkelmusik« für alte Leute (»Die Nachbarn«), weil die noch CDs kaufen, dann aus demselben Grund Rockmusik für alte Leute (»The Spiderz«), dann autogetunte »virale« Musik (»The Holy Sects«) fürs Internet, um schließlich nach einem Bandsplit Zippel zum Sänger zu machen und sich »Sonnenstuhl« zu nennen, eine Band, die organische, nachhaltige Musik auf Naturinstrumenten macht. Und so ist dann auch die Platte, ein wahlloser Haufen Musik ohne Sinn und Verstand, ohne Stil und Klasse, ohne Freud und ohne Leid. Aber es gibt drei wirklich gute Stücke auf ihr, ich sage nicht, welche, das muss jeder selber herausfinden. Außerdem hat sie ein sehr, sehr schönes Cover, das eine ganz tolle Möwenillustration von Alex Solman zeigt. Das Cover fanden wir so schön, da witterten wir sofort einen Markt, also ließen Gereon und ich davon viele, viele Poster drucken in Erwartung eines Riesengeschäfts. Leider ging diese Erwartung nicht in Erfüllung, da müssen irgendwo noch Hunderte von Postern bei Gereon oder bei der Hanseplatte im Keller liegen.

Das Theaterstück hatte am 9.8.2018 auf dem Kampnagel-Sommerfestival Weltpremiere. Es sollte vier Vorstellungen geben, aber die Nachfrage war so groß, dass wir an einem Tag zweimal spielen mussten, also gab es insgesamt fünf Vorstellungen. Diese Vorstellungen gingen alle reibungslos über die Bühne, der Plattenladen war als Bühnenbild phantastisch geworden, die Szenen im Hamburger Keller wurden mit einem aufwendigen Film von Anne Schulte beeindruckend surreal und psychedelisch untermalt und man muss auch mal erwähnen, dass die Kampnagel-Leute sehr gute Arbeit gemacht und einen nie von oben herab behandelt haben, das war superangenehm.

Aufgenommen wurde das Stück sowohl vom Hamburger Publikum wie auch von den Medien irgendwie positiv. Vor allem im Vorfeld. Wir hatten wohl aus Versehen alle möglichen Triggerpunkte bei den Journalisten gekitzelt: Gentrifizierung, Hafenstraßenbesetzer, Coffee-to-go-Läden, Bands mit Haltung, wahre Subkultur, Aktivistengruppen, rote Buchläden, Urban-Gardening-Projekte, TAZ-Abos, Chauvinismus, alles kommt irgendwie vor und wird irgendwie auch behandelt, nicht dass das wichtig wäre, nur dass die Journalisten auf sowas nun einmal abfahren und gerne darüber schreiben, was uns nur recht sein konnte. Schon vor der Premiere erfuhr das Stück einen starken Popularitätsschub, ohne dass es irgendeiner gesehen hätte. Außerdem war die Stadt zuplakatiert mit Ankündigungen, teils Riesenplakate wurden in den U-Bahnhöfen und überhaupt überall verklebt, Kampnagel hatte es da richtig krachen lassen. Kein Wunder, dass alles sofort ausverkauft war.

Aber auch hinterher waren viele Leute begeistert. Wir bekamen bis zu sechs Vorhänge, die Leute waren gut drauf, niemand hat sich je beschwert. Ich fand die sechs Vorhänge etwas übertrieben. Zumal es auf Kampnagel nicht einmal richtige Vorhänge gibt, wir mussten immer nur wieder nach vorne kommen, uns anfassen und verbeugen. Das war nicht so mein Ding, ich musste aber mitmachen, denn ich war die ganze Zeit dabei, als Schauspieler, Kleindarsteller eigentlich, und das war eine dumme Sache, weil ich als Hosendieb ganz zu Anfang auftreten und dann bis kurz vorm Ende als König der Möwen in spe hinter der Bühne hocken musste, wo ich alles nur hörte, aber nichts sah und auf diese Weise mitanhören musste, dass über die vielen Gags, die Gereon in das Stück hineingeschrieben hatte, niemand lachte. Allerdings: Ab der zweiten Vorstellung entwickelten die Schauspieler eine gewisse Selbständigkeit und machten ihre eigenen, wohl gestischen Witze, die ich nicht sehen konnte, die aber Lacher bekamen, immerhin!

Und dann war es vorbei. Ich war zufrieden. Mehr als diese fünf Vorstellungen hätte ich nicht gebraucht, zumal nicht als Schauspieler, der ich ja nicht bin und nicht sein möchte.

Aber die Sache hatte sich gelohnt! Ich hatte den Plattenladen auf der Bühne gesehen. Von der Phantasie zur Wirklichkeit – so etwas ist immer befriedigend!

Video Consultant

Wenn ich gefragt werde, was ich beruflich mache, sage oder schreibe ich immer, ich sei Video Consultant, das ist mir lieber als Musiker. Es bringt aber auch Probleme mit sich, denn meistens fragen die Leute, was das ist, und dann erkläre ich es und die Leute verstehen es nicht und fragen nach, was lästig ist, oder sie fragen nicht nach, was genauso ärgerlich ist, weil dadurch klar wird, dass es sie überhaupt nicht interessiert und man einer von diesen Langweilern ist, die einen Job erklären, den keiner kennt und keiner haben will. Das nervt. Aber wenn ich in diesem Buch ein eigenes Kapitel dazu habe, kann ich zur Not darauf verweisen und mir alles andere sparen.

Also: Was ist ein Video Consultant, was erlebt man, wenn man einer ist und wie fühlt man sich dabei, was sind die Schwierigkeiten, was die Annehmlichkeiten dieses Berufs und wie wird man überhaupt Video Consultant?

Die letzte Frage zuerst: Keine Ahnung. Ich rutschte da so rein. Wie jeder Leser von »Ärger mit der Unsterblichkeit« weiß, habe ich in München an der Filmhochschule studiert und sie auch erfolgreich abgeschlossen, ich bin Absolvent, ich habe es gelernt. Das wusste auch der Chef von Polydor Progressive, einer Art Indieabzweigung der alten Schlagerfirma Polydor, und er nahm es als Begründung dafür her, mir einen Job als Video Consultant anzubieten. Das war 1993. Ich war bei der Firma gerade erst als Künstler frisch untergekommen. Den Chef kannte ich von früher. Und er mich auch. Darum wusste er das mit der Filmhochschule und nutzte es aus, indem er mich überredete, gegen Geld dafür zu sorgen, dass die Musikvideos seiner Künstler ein besseres Niveau bekämen. Er meinte natürlich nicht künstlerisches Niveau, sondern kommerzielle Leichtigkeit, aber davon später.

Dazu muss man wissen, dass zu ebenjener Zeit die Bedeutung von Musikvideos für den deutschen Musikmarkt geradezu übermächtig wurde. Neue Musik aus Deutschland lief fast gar nicht im Radio, zugleich hatte 1993 ein neuer deutscher Musikfernsehkanal eröffnet, nämlich Viva, eine Erfindung des nordrhein-westfälischen Rockbeauftragten Dieter Gorny und der österreichischen Videoproduzenten Dolezal und Rossacher, die stets dafür sorgten, dass diese Erfindung ihnen nicht zum Nachteil gereichte. Viva wurde binnen kurzem zum mächtigsten Akteur in der deutschen Musikindustrie, wer bei Viva lief, war drin, der Rest war draußen, man hofierte Viva, man produzierte für Viva, man schlief mit Viva ein und wachte mit Viva auf, Viva war das Goldene Kalb und die Musikindustrie tanzte in Trance um dieses Kalb herum.

Besonders eifrig war dabei der Chef von Polydor Progressive, für ihn gab es nur noch Viva und alle Videos aller seiner Künstler mussten bei Viva laufen.

Das Problem war nur, dass viele Künstler bei Polydor Progressive gar nicht Viva-kompatibel waren, denn es gab dafür eine ganz klare Formel: Quietschebunter Film und unkomplizierte, nicht weiter störende Musik zusammen ergaben das perfekte Viva-Video. Unkonventionelle Musik, sperrige Künstler, jede Art von Nichtbelanglosigkeit hatte in diesem System keinen Platz. Trotzdem wurde alles, was Musik war, mit Video veröffentlicht, egal, ob sinnvoll oder nicht. Überall schossen Videoproduktionsfirmen aus dem Boden, und noch bevor ein Künstler eine Gitarre oder einen Synthesizer zur Hand nahm, um einen Track zu basteln oder einen Song zu schreiben, wurden schon die Videotreatments dafür eingesammelt. Irgendwer musste das alles zusammenbringen oder auseinanderhalten oder überhaupt irgendwie sortieren, organisieren oder sich wenigstens einmal Gedanken dazu machen, die weiter als bis zur nächsten Goldverleihung reichten. Der Plattenfirmenchef konnte das nicht. Der wollte bloß Ergebnisse sehen, also Videos von seinen Leuten auf Heavy Rotation bei Viva. Auch hatten die Produktmanager der Plattenfirmen von Filmproduktion, Machbarkeit, Timing, Kosten und so weiter nicht die blasseste Ahnung und sowieso keine Zeit, sich dafür zu interessieren oder sich darüber zu informieren oder überhaupt mal irgendetwas richtig zu machen. Deshalb hauten sie einfach Geld raus. Die Videoproduzenten umkreisten die Plattenindustrie wie ein Schwarm Piranhas einen trägen, fetten Fisch. Es war Goldgräberstimmung. Das normale Musikvideo gab es nicht unter achtzigtausend Mark, aber es wurden auch Videos für mehr als das Vierfache gedreht, und das alles für einen relativ kleinen Musikmarkt mit nur einem einzigen Entscheidungsträger: Viva. Wenn Viva den Daumen senkte, dann auf Wiedersehen, ihr achtzigtausend Mark, es war schön mit euch. Wenn bei den Plattenfirmen das wöchentliche Fax mit der Rotationsliste von Viva kam, herrschte hellste Aufregung und beim Kampf um die Blätter wurden alle guten Sitten vergessen. Bei den einen knallten die Champagnerkorken, bei den anderen kam es zu Weinkrämpfen. Und das alles nur wegen Viva. Es waren wilde, schlimme, gesetzlose Zeiten.

Und da kam ich ins Spiel.

Ich war der Video Consultant. Ich war der erste in Deutschland. Eigentlich hieß einer wie ich in England, wo sie das erfunden hatten, Video Commissioner und in England war das auch ein freischaffender Beruf, bei dem die Commissioner für ihre Beratungs- und Organisationstätigkeit einen Anteil vom Videobudget in Rechnung stellten, wie ich erst viele Jahre später herausfand. Das waren und sind Leute, die viel Geld verdienen.

Ich allerdings wurde für gerade einmal tausend Mark monatlich angestellt und habe dafür drei bis vier Videos pro Monat betreut. Darüber könnte ich mich heute ärgern, aber ich weigere mich, es ist ja nicht meine Schuld, das müssen andere Menschen mit ihrem Gewissen ausmachen, was sie mir damals angetan haben.

Das Geld war für mich damals auch nicht der entscheidende Grund, den Job anzunehmen. Ich nahm ihn eigentlich nur an, um jederzeit einen Grund zu haben, in die Plattenfirma zu gehen und dort unauffällig herumlaufen und kontrollieren zu können, ob die sich auch gut um meine Platten kümmerten. Ich wollte anspornen und inspirieren. Der Video-Consultant-Job war nur ein Nebenaspekt. Außerdem bekam ich im Laufe der Zeit ein Büro und ein eigenes Telefon, und das zu haben, war, wie jeder weiß, immer schon eins, wenn nicht gar das höchste meiner Lebensziele gewesen.

Was aber sollte ich tun? Was war meine Aufgabe? Was machte der Video Consultant?

Der Video Consultant war wie ein Lotse dafür zuständig, ein Musikstück durch den gesamten Prozess der Videoproduktion hindurchzuschleusen, alle Untiefen zu umschiffen und das verkoppelte Filmmusik-Endprodukt sicher in den Viva-Hafen einlaufen zu lassen.

Auf diesem Wege gab es jede Menge Hindernisse, Probleme, Stolperfallen, Fettnäpfchen, vor allem aber widerstreitende Interessen: Der Musiker wollte seine Musik vor völliger Verwurstung retten und zugleich auf dem Bildschirm ganz groß rauskommen, der Videoregisseur wollte sich selbst verwirklichen und etwas für seine Zukunft als Blockbusterregisseur tun, die Filmproduktionsfirma wollte möglichst viele Rechnungen schreiben für Leistungen, die sie nie erbracht hatte, und Geräte vermieten, die nie gebraucht wurden, der Produktmanager wollte auf keinen Fall schuld sein und die Plattenfirma wollte zu Viva.

Am Anfang eines neuen Jobs stand immer der Satz: »Wir haben hier einen neuen Hit, der muss zu Viva!«

Dann ging es los für mich. Es gab gleich zu Anfang mehrere Fragen zu klären. Die wichtigste: Wer hat dabei eigentlich was zu sagen und wer nicht, wer ist der Bestimmer? Mal war es der Künstler, mal der Musikproduzent, mal das Sublabel, mal der Produktmanager der Plattenfirma. Eine Meinung hatten natürlich alle, Visionen auch, aber für einen von ihnen musste ich mich entscheiden. Der Rest konnte dann weiter mitreden, wurde aber nicht mehr gehört. Das durfte natürlich keiner merken.

Die nächste Frage: das Timing. Die Plattenfirma wollte alles immer sofort haben, am liebsten gestern. Aber ein gutes Video brauchte natürlich Zeit. In dieser Frage durfte man nicht liberal sein. Ein großzügiges Timing war das A und O einer Videoproduktion, weil alles immer länger dauerte als versprochen. Das durfte man vorher nicht so sagen, war aber ein ungeschriebenes Gesetz, von dem die Produktmanager nichts wissen durften, da musste man sie vor sich selbst beschützen.

Auch schwierig und vom Video Consultant zu beherrschen: die allgemeine Euphorie. Wenn eine neue Platte gerade fertig, aber noch nicht veröffentlicht ist, sind alle Beteiligten immer supereuphorisch und überschlagen sich mit guten Ideen, Träumen und gegenseitiger Belobigung. Das gilt auch für Videoproduktionen. Da war mein hanseatisch kühler Kopf gefragt. Ich sagte einfach nie irgendetwas Positives oder Negatives, ich sagte eigentlich gar nichts außer »Ja« und »Nein« und »Vielleicht« und arbeitete so mein Pensum ab. So wird man nicht beliebt, aber wer will schon bei euphorischen Leuten beliebt sein?

Dann wurden Treatments eingeholt. Ein Treatment ist ein etwa dreiseitiges Papier, das das zu drehende Video samt Inhalt und gerne auch mit Fotos bebildert im Voraus beschreibt und zur Hälfte aus Schleimerei dem Künstler und der Plattenfirma gegenüber besteht. Eine Art Bewerbungsschreiben der Videoproduzenten bzw. -regisseure. Meine erste Aufgabe war, hier vorzusortieren, die Fotos, die meistens aus irgendwelchen Hollywoodblockbustern rauskopiert waren, zurückzuweisen und den ganzen Quatsch auf Realitätssinn abzusuchen. Da war oft nicht viel zu finden. Meistens stimmten weder die zeitlichen noch die technischen noch die finanziellen Voraussetzungen. Ich war der Spaßverderber und ich war es gerne.

Dann wurde sich mit den Akteuren auf eins der vielen Treatments geeinigt. Ich musste die Produktionskosten runterhandeln auf etwa 80 % des tatsächlichen Budgets, weil die Produzenten und Regisseure natürlich am Ende etwa 25 % mehr ausgeben würden, als man ihnen erlaubt hatte. Ein Viertel von 80 % sind 20 %, und so kam es wieder hin.

Am schwierigsten war es, wenn der Künstler selber eine Videoidee hatte. Ich war verpflichtet, mir diese Idee anzuhören und ihm anschließend die unangenehme Wahrheit zu sagen, dass nämlich genau diese Idee bereits in einem anderen Video verwirklicht worden war, einem aus Amerika oder England, das seit einigen Tagen auf Viva lief. Denn so war es immer. Wenn das als Argument nicht reichte, konnte ich sie immer noch damit überraschen, dass das amerikanische oder englische Budget etwa das Zehnfache dessen war, was wir zur Verfügung hatten. Das machte sie in der Regel sprachlos und das Thema war erledigt.

Dann wurde das Video irgendwie gedreht und geschnitten, dann wurden Meinungen eingeholt, es gab Jubel und Tränen, dann wurde umgeschnitten, dann wurden noch mehr Meinungen eingeholt und am Ende war es gut, weil es von Viva gespielt wurde, oder eben nicht gut, weil es nicht von Viva gespielt wurde. Das war im Grunde ein immergleicher Job, für den man stahlharte Nerven brauchte und bei dem man aufpassen musste, dass man nicht zynisch wurde.

Im Großen und Ganzen lief es für mich gut, weil die meisten Videos von Viva gespielt wurden, und wo nicht, war es gleich wieder vergessen. Die neunziger Jahre waren die goldenen Jahre der Plattenfirmen, es gab so viel Geld, so viele Künstler, so viel Output, dass alles, was die Euphorie störte, gleich wieder vergessen wurde.

In meiner Zeit als fest angestellter Video Consultant bei der Polydor habe ich einige hundert Videos betreut und viel gelernt. Vor allem, die Nerven zu behalten und die künstlerische Kirche im Dorf zu lassen. Bei meinen eigenen Videos hielt ich mich auch an diese Prämisse und da hat sich das doppelt und dreifach ausgezahlt. Ich hatte nämlich immer viel weniger Budget als die anderen, aber das war egal, weil ich das System durchschaute: Ich drehte quietschebunte Quatschfilme und ließ den cineastischen Impuls und die künstlerischen Ambitionen zu Hause. Meine Videos liefen alle bei Viva auf Heavy Rotation.

Ich als DJ

Ab Mitte der neunziger Jahre waren plötzlich alle Leute DJs. Jeder besaß zwei Technics-Plattenspieler und ein Mischpult. Jeder wollte dabei sein. Es gehörte zum guten Ton, dass jeder ein DJ war. Darum wurde auch ich immer wieder gefragt, ob ich nicht auch mal DJen wollte und darum sagte ich auch immer ja, weil es sich nun mal so gehörte, weil ich die Leute nicht enttäuschen wollte, weil ich mich auf Partys oft langweilte und natürlich auch wegen des Geldes. Mit DJ-Arbeit konnte man in kurzer Zeit oft mehr Geld verdienen als mit irgendetwas anderem.

Leider bin ich als DJ völlig unbegabt. Jeder andere Mensch kann das besser als ich. Ich habe zum Beispiel die Dieter-Bohlen-Ex-Freundin Nadja Abdel Farrag und die Schauspielerin Giulia Siegel einmal im Fernsehen auflegen sehen und die waren in einer ganz anderen Liga unterwegs! Als DJ bin ich ein Totalausfall. Ich habe dabei immer zwei Probleme: Jedes Stück kommt mir, wenn ich auflege, unendlich lang vor. Da geht die Musik zwei, drei Minuten und ich stehe herum und es kommt mir vor wie zwei, drei Stunden im richtigen Leben. Dann kann man endlich das Stück wechseln, nur damit das Problem von neuem beginnt, und vorher gibt es noch eine knifflige Hürde zu überwinden: Wie kommt man möglichst geschmeidig vom einen Stück zum nächsten, wie geht der sogenannte Übergang? Ich kann das nicht, ich habe dafür kein Talent. Ich kenne Leute, denen das von Natur aus spielend leichtfällt, die Da-Vinci-gleich von egal welchem Stück zu egal welchem anderen Stück hinüberwechseln können, ohne dass es einer auch nur merkt. Andere Leute sind vielleicht nicht so begabt, üben das aber Tag und Nacht und kommen auf diese Weise auch zu beachtlichen Ergebnissen. Das ist beides nicht mein Weg. Mein Weg ist der des ewig Unbegabten und damit muss ich klarkommen.

Ziemlich bald kam ich deshalb auf die Idee, zu den DJ-Jobs Freunde mitzunehmen, die das konnten und die als Co-DJs die Übergangsarbeit für mich erledigten. Mit denen habe ich immer fünfzig-fünfzig geteilt, ich habe mir also zumindest in dieser Hinsicht nichts vorzuwerfen. Trotzdem bin ich irgendwann aus dem DJ-Geschäft ausgestiegen, weil sich die Katastrophen häuften. Aber der Reihe nach: Zunächst einmal hatte ich zwei Tricks entwickelt, mit denen ich mich aus der Affäre zu ziehen versuchte, wenn kein Co-DJ aufzutreiben war.

a) Der Früher-als-die-anderen-Trick
Dieser Trick geht so: Wenn mehrere DJs auflegen und der Veranstalter einen fragt, wann man denn spielen möchte, wählt man die erste Stunde nach dem Öffnen der Türen. Da will noch keiner tanzen und ist in der Regel auch noch keiner da und der DJ kann unter Ausschluss der Öffentlichkeit schalten und walten und dabei rumpeln, wie es ihm gefällt.

b) Der Trick mit der Geräusche-Platte
Man besteht auf drei statt zwei Plattenspielern. Das sieht erst einmal virtuos aus und schafft Prestige. Dann blendet man von Platte A auf Plattenspieler 1, einem Dancetrack, hinüber auf Plattenspieler 2 und eine Platte mit schwebender Experimentalmusik und lässt danach einen Track von Platte B auf Plattenspieler 3 aus dieser Soundwolke heraus auf das staunende Publikum los.

Der beste Trick ist natürlich der Auftritt zu zweit. Aber auch dabei kam es zu Katastrophen, die zwei schlimmsten sind mit Tim Lorenz verbunden, mit dem ich immer am liebsten aufgelegt habe und der auch wirklich nichts dafür kann.

Das waren:

a) Die Battery-Park-Katastrophe
Battery Park war ein großer Indoor-Rave in Köln, und Tim und ich landeten dummerweise, weil wir es vorher nicht abgesprochen hatten, auf einem straighten House Floor, vor uns Hans Nieswandt und Tobias Thomas, da hing die Messlatte übelst hoch. Deshalb wollten wir unser Set ein wenig aufpeppen. Zwischen Köln und der Eifel liegt Weilerswist, dort stand, das wusste ich, im Can-Studio ein Vocoder aus der guten alten Zeit, den wollte ich benutzen, um vocoderisiert über unser Set drüberzusingen. Wir fuhren für viel Geld mit dem Taxi nach Weilerswist, luden den Vocoder ein und fuhren wieder zurück.

Leider war es nicht möglich, das Gerät irgendwie zum Laufen oder zum Klingen oder was auch immer zu bringen, wir fragten alle Musiker, Produzenten und DJs in Reichweite, aber sie konnten alle nicht helfen, auch Holger Cukay nicht, der gerade als Gast da war und sehr nett und hilfsbereit alles versuchte, was nur menschenmöglich war.

Zehn Minuten vor unserem Set gaben wir es auf. Tim ging sich noch schnell ein Bier holen und kam nicht wieder. Die Zeit verging, Tim kam nicht wieder. Ich versuchte alles, um die Leute zu vertrösten, aber irgendwann schubsten sie mich hinter die Plattenteller. Tim war nicht da. Ich gab mein Bestes und nach zehn Minuten war die Tanzfläche komplett leergefegt. Ich ließ es noch zwei Stücke weiterrumpeln, dann erbarmten sie sich und holten mich mit dem Worten »Du, der Basti fängt heute etwas früher an« von der Kanzel. Sonst sagte keiner was, es ist eine freundliche Szene.

Eine Stunde später tauchte Tim dann auf, er war, sagte er, an der Theke beim Bierholen ohnmächtig geworden und dann für längere Zeit in Behandlung gewesen.

b) Die Berghain-Katastrophe

Hier war ich mit Tim zusammen eingeladen, auf einer Veranstaltung der »Pet Shop Bears« aufzulegen. Dafür gab es schon am Nachmittag einen Soundcheck, und das war auch gut so, weil wir ordentlich was vorhatten, wir wollten mit verschiedenen Formaten auflegen, CD, Vinyl, Laptop, und wollten mit den Technikern klarmachen, dass alles in der gleichen Lautstärke abgespielt werden würde, was wirklich schwierig ist, jedenfalls wurde uns das gesagt. Danach hatten wir viel Freizeit und sollten erst um ein Uhr nachts wieder im Club sein. Ich war mit Tim, der sehr müde war, so verblieben, dass ich ihn im Hotel um 23 Uhr wecken sollte und wir nach einem Kaffee rechtzeitig und ausgeruht ins Berghain fahren würden. Ich lief noch ein bisschen durch die Stadt und legte mich dann auch noch etwas hin. Den Wecker stellte ich mir auf 22 Uhr. Als der Wecker klingelte, spürte ich, als ich ihn ausschalten wollte, einen furchtbaren Schmerz im Rücken von einem eingeklemmten Nerv. Ich konnte mich kaum mehr bewegen, ich kam jedenfalls nicht mehr aus dem Bett heraus. Mit letzter Willenskraft griff ich nach meinem Handy und rief Tim auf seinem Zimmer an. Ich wollte ihn bitten, mir irgendwie zu helfen, es musste ja weitergehen!

Ich kam aber gar nicht zu Wort, denn kaum war Tim am Telefon, rief er um Hilfe, er könne sich nicht bewegen, er habe einen Hexenschuss.

Eine Stunde lang hofften wir, dass sich die Lage bessern würde, aber das tat sie nicht. Ich rief beim Veranstalter an und erzählte ihm alles und sagte unser Set ab. Das war ein beschämender und, ich weiß es, irgendwie auch unglaubwürdiger Anruf. Ich bin nicht sicher, ob sie uns die Geschichte wirklich abkauften, aber ich habe danach nie wieder eine Anfrage als DJ bekommen.

Der Refrain (»Das Wesentliche«)

Mit dem Buch »Ärger mit der Unsterblichkeit« hatte ich zusammen mit Sven Regener eine Lesung auf dem »Popkultur«-Festival in Berlin, das unter anderem von Martin Hossbach kuratiert wurde, Martin Hossbach war jedenfalls mein Ansprechpartner. Im Vorfeld traf ich mich mehrmals hinter Sven Regeners Rücken mit ihm, weil wir, also Martin Hossbach und ich, mehr als nur eine Lesung aus der Sache machen wollten. Sven Regener wollte ich lieber nichts davon erzählen, ich war mir nicht sicher, was er von dieser ambitionierten Idee halten würde. Sowieso waren bei den Regener- und Dorau-Lesungen aus »Ärger mit der Unterblichkeit« schon diverse Multimediasachen wie Dias und kurze Film- und Musikeinspielungen vorgesehen, aber jetzt wollten Martin Hossbach und ich das ganz große Spektakel-Rad drehen, und da konnten wir einen norddeutschen Bedenkenträger nicht gebrauchen.

Der Ideen gab es viele und sie waren alle gut: Wir planten Ballettszenen, die Verfilmung einzelner Kapitel und den exzessiven Einsatz von Singspielelementen, wir planten und planten und kriegten uns kaum noch ein vor Begeisterung, selbst der eher spröde Wieland Krämer von Powerline, den ich zu den Treffen mit Martin Hossbach mitgenommen hatte, damit er mich zur Not bremsen konnte, war begeistert und winkte alles durch.

Aber schon kurze Zeit später war alles wieder Makulatur, weil die Budgets für das »Popkultur«-Festival von meinem ehemaligen Plattenfirmenboss, der sich mittlerweile als Kulturstaatssekretär in Berlin versuchte, gnadenlos zusammengestrichen worden waren, adieu Ballett, adieu Singspiel, adieu Verfilmung, es wurde nur noch eine ganz normale Lesung mit kleinen Multimedia-Einsprengseln. Die lief dann auch gut, alles wie immer, die Leute freuten sich und die Bezahlung stimmte.

Ein halbes Jahr später bekam ich einen Anruf von Martin Hossbach, dem es sehr leidtat, wie das damals gelaufen war, und der mir versicherte, dass er mich unterstützen würde, wenn ich mit einem anderen Projekt einmal Hilfe brauchte. Hilfe konnte ich natürlich immer gebrauchen, zur Not auch in Berlin. Also trafen wir uns ab und zu und projektierten eine Art Theaterstück, in dem Gesang und Musik im Vordergrund stehen sollten, ein Singspiel gewissermaßen, und sei es nur, um es weder Theaterstück noch Operette nennen zu müssen. Die Grundidee war eins meiner bewährten Leitmotive: Tiere sind die besseren Menschen. Damit hatte ich mich schon so viel in meinem Leben beschäftigt, dass insgesamt zwölf bereits fertig ausgearbeitete Werke zu diesem Thema von mir vorlagen, die dann auch alle das Material für dieses dreizehnte Tier-Opus liefern sollten, das alle vorherigen Arbeiten zu diesem Thema bündeln und zu einem krönenden Abschluss führen sollte. Mir war gleich klar, dass eine so umfassende universelle Arbeit alleine nicht zu stemmen war, deshalb bat ich Nik Duric von Showcase Beat le Mot um Hilfe und Zusammenarbeit.

Die Grundidee war die folgende: Die Welt liegt in Trümmern. Und wir zeigen auf einer Drehbühne in drei Akten drei unterschiedliche Wege, wie die Menschheit mit Hilfe von Tieren die Zukunft gestalten will. Jeder der drei Akte sollte eine optisch und inhaltlich komplett andere Welt vorstellen, in der eine immer anders aussehende Musikgruppe performt und dabei jeweils auch völlig andere Musik spielt.

Die drei Welten waren wie folgt konzipiert:

a) Das Labor
Hier sehen wir ein wissenschaftliches Labor, in dem Insekten als die widerstandsfähigsten Wesen überhaupt mit den Menschen gekreuzt werden, damit sie den Herausforderungen der Zukunft gewachsen sind. Dazu sollte elektronische, kalte, futuristische Musik gespielt werden.

b) Die Insel
Hier hat sich eine Gruppe von Menschen mit diversen, eher freundlichen Haus- und Hoftieren, Hund, Katze, Vogel, Kuh, Esel und so weiter, auf eine abgelegene Insel geflüchtet, um von dort in Videobotschaften der restlichen Welt zu verdeutlichen, dass von den Tieren keine Bedrohung ausgeht, »Tiere sind unsere Partner« sollte dazu das Motto sein. Hier wollte ich eher softe akustische, folkloristische Musik einsetzen.

c) Der Wald
Hier sucht eine Gruppe Unerschrockener die Heilung des Menschen in seiner direkten Konfronta-

tion mit dem wilden, nichtdomestizierten Tier, um ihn zurückzuführen zu seinen wilden, animalischen Wurzeln. Es kommt zur Begegnung und Auseinandersetzung mit Rehen, Wildschweinen, Adlern, Wolpertingern und Löwen. Die Musik dazu sollte von einer lauten, von Elektrogitarren geprägten Band gespielt werden.

Für den Titel des Werks im Ganzen hatte ich viele Ideen: Endstation Tier, Die Zukunft der Tiere, Die Lieder der Tiere, Das Leiden der Tiere und vieles mehr.

Wir arbeiteten das Projekt in alle Richtungen und vor allem zum Zwecke der Förderungsbewilligung gründlich aus und am Ende bedurfte es nur noch, damit der Fördersegen auf uns niedergehen konnte, einer kurzen persönlichen Begründung von mir, warum mir dieses Projekt so am Herzen lag, warum es meiner Meinung nach unbedingt auf die Bühne musste und warum der Zeitpunkt dafür genau der richtige war.

Es ging also eigentlich nur um einige belanglose, floskelhafte Zeilen aus dem Satzbaukasten der kulturellen Öffentlichkeitsarbeit, die man in fünf Minuten zusammenmontieren konnte, wenn man nur wollte.

Und genau daran scheiterte ich. Ich konnte es nicht. Ich wollte es nicht. Ich saß da und starrte aufs Papier und erkannte, dass mir das ganze Projekt überhaupt nichts bedeutete. Gar nichts. Null. Fehlanzeige.

Ich wusste aber aus Martin Hossbachs Erzählungen, dass es eine neue Sache bei dem »Popkultur«-Festival gab, die »Curated Works« hieß und die einen Ausweg versprach, insofern die dahinterliegende Idee darin bestand, dass Musiker Dinge realisieren konnten, die sie immer schon mal machen wollten, aber nie hatten finanzieren können. Ich beschloss, »Endstation Tier« in seiner Sackgasse zurückzulassen und mich lieber mit dem zu beschäftigen, was ich an Musik immer schon am meisten gemocht, mich immer schon am meisten interessiert hatte und was genau genommen mein eigentliches Lebensthema war: der Refrain.

Schon als Kind nervte ich meine Eltern, meine Schwester oder überhaupt alle Menschen, die das miterlebten, damit, dass ich stundenlang vor dem Schallplattenspieler kniete und den Refrain eines Liedes wieder und wieder anhörte, die Nadel mit zunehmender Übung sehr geschickt immer wieder vor dem Refrain eines Stückes platzierte, um ihn zu wiederholen, zu wiederholen, zu wiederholen. Ich war der König der Wiederholung, der Anbeter des Refrains, der Verächter der Strophen, der Feind der musikalischen Intermezzi, ich wollte immer nur den Refrain, den Refrain, den Refrain.

Ich glaube, dass jeder Mensch, der sich für Musik interessiert, einen speziellen persönlichen Zugang dazu hat, beim einen ist es das Gitarrensolo, beim anderen der Songtext, beim Dritten der Klang bestimmter Instrumente, beim Vierten die Harmonik, beim Fünften die Rhythmik, beim Sechsten die Möglichkeit zur Angeberei, beim Siebten vielleicht alles zusammen. Bei mir ist es die Liebe zum Refrain. Das hat sich nie geändert; wenn ich ein Stück komponiere, beginne ich mit dem Refrain und füge nur widerwillig weitere Teile hinzu. Meistens will ich die eigentlich gar nicht. Und jeder, der meine Musik kennt, merkt ihr das auch an, spätestens, wenn er es weiß. Ich wäre noch viel radikaler in Sachen Refrain vorgegangen, wären mir nicht die Plattenfirmen regelmäßig in die Quere gekommen; immer wieder nervten sie mich mit der Forderung nach Strophen, Intros, Bridges und was dergleichen an Beiwerk sonst noch existiert. »Das Telefon sagt du«, eins meiner Lieblingsstücke zum Beispiel, hatte ursprünglich natürlich nur einen Refrain, der auch textlich wie musikalisch vollkommen ausgereicht hätte, aber die Plattenfirma bestand leider darauf, dass ich das mit Strophen verwässern sollte. Die Strophen sind auch gut gelungen und man kann nichts gegen sie sagen, außer dass sie keine Refrains sind, und das muss als Meinung dazu reichen. Das kleingeistige, rückwärtsgewandte Beharren auf Songstrukturen war für mich eigentlich seit dem Siegeszug der elektronischen Musik mit ihrer Hookfixiertheit und repetitiven Klarheit komplett obsolet, das Zeitalter der Remixe, in denen die Songs dekonstruiert und auf das Wesentliche runtergekocht wurden, kam mir doch eigentlich auf ganzer Linie entgegen. Und dann die Plattenfirmenleute mit ihren Strophen! So hatte ich mir die Moderne nicht vorgestellt! Aber immer nur Avantgarde zu sein, ist auch keine Lösung, deshalb habe ich mich oft, zu oft vielleicht, auf sowas eingelassen.

Also fragte ich Martin Hossbach, ob ich mich womöglich für »Curated Works« mit einem Projekt würde bewerben können, das mir diesmal aber wirklich am Herzen lag, und das sollte heißen: »Der Refrain und Die Kunst der Wiederholung – Ein Abend ohne Strophen!«.

Aufs Äußerste inspiriert und von Martin Hossbach ermutigt, griff ich zur Tastatur und schrieb die dazugehörige Beschreibung, die es verdient, hier vollständig abgedruckt zu werden. Sie lautet: »Hallo Martin, ich würde gerne für deine Veranstaltung 20 Refrains komponieren, die jeweils zwischen 40 Sekunden und 2 Minuten lang sind. Das Ganze würde ich gerne mit einer sechsköpfigen Band aufführen wollen. Die Band sollte aus möglichst vielen Multiinstrumentalisten bestehen, da ich ein möglichst weit gefächertes klangliches Spektrum anstrebe. Für einige der Refrains würde ich mir auch gerne gesangliche oder instrumentale Gäste auf die Bühne einladen, außerdem würde ich auch gerne für zwei oder drei Refrains einen Beamer einsetzen, auf dem Gastsängerinnen zu sehen und zu hören sind, die wir vorher aufgezeichnet haben. Hierbei würde ich auch sehr gerne mit internationalen Künstlerinnen zusammenarbeiten. Die Aufführung würde dann mit Ansagen etc. ca. 40 bis 45 Minuten dauern. Im zweiten Teil oder der Zugabe des Abends würde ich dann gerne noch drei der Refrains als ausgedehnte tanzbare Remixe spielen wollen. Hier noch einige lose Sätze: Es geht um hochkomprimierte Miniaturen. Der Refrain ist das Herzstück einer Komposition, die Kernaussage, das Filetstück, der Brühwürfel. Der pure Refrain ist wie ein Espresso. Es gibt keine Verwässerung durch Strophen. In der heutigen Zeit haben die Leute keine Zeit mehr für Strophen. Keine Enden, keine Anfänge, keine Mittelteile. Titel eines Roxette-Best-of-Albums: Don't Bore Us, Get To The Chorus!«

Zu meiner großen Freude kam das Projekt in Berlin gut an und erhielt den Zuschlag und damit Geld. Ich ging sofort mit dem Produzenten Zwanie Jonson ins Studio und fing an, Refrains zu basteln. Das war eine interessante Arbeit, die uns leicht von der Hand ging und enorm viel Spaß machte. Es gab nur eine wichtige Sache zu lernen: Die Textzeilen dürfen bei sowas nicht zu clever sein, weil die Schlaumeierei bei vielen Wiederholungen irgendwann nervt. Ansonsten gab es keine Probleme, im Gegenteil. Ich hatte im Laufe meines Lebens ganz viele gute Ideen für Textzeilen gesammelt, die ich aber nicht mit langatmigen Strophen zu Tode definieren, auserklären, breittreten wollte, Textzeilen, die phantastische Refrains ergaben, weil sie der Interpretation des Hörers viel Raum gaben, den man nicht durch Strophenhuberei verengen durfte. Die Deutungshoheit lag beim Hörer. Alles Didaktische war weg.

Zwei Monate später brachten wir das Ergebnis dann zur Aufführung. Die Band bestand aus Zwanie Jonson, Tim Lorenz, Lars Precht, Ramin Bijan und mir. Am Tag der Aufführung fiel mir auf, dass die Förderung von sechs Musikern ausgegangen war, deshalb holte ich auf den letzten Drücker noch Brezel Göring dazu, damit der am Keyboard stehen und den sechsten Musiker geben konnte. Die Band war einheitlich gekleidet. Als Gastsänger holte ich Pola Schulten und Justus Köhncke dazu. Als internationalen Star per Videoschalte hatten wir nur die aufstrebende französische Sängerin Fishbach zu bieten, aber das reichte auch.

Der Auftritt fand auf dem »Popkultur«-Festival in der Kulturbrauerei in Berlin statt und war ein voller Erfolg.

Später wollte ich das auch noch als Album rausbringen. Dabei stellte sich leider heraus, dass das Konzept auf Platte in seiner reinen penetranten Dauerschleifenform nicht so gut funktionierte, eigentlich überhaupt nicht. Es war, wie dauernd Schokoladenpudding zu essen, spätestens nach dem dritten Stück hing es einem zum Halse raus. Zwanie und ich gingen dann nach einer kurzen Denkpause mit der uns von der Dancemusik und unseren Livezugaben her vertrauten Methode Remix vor und entzerrten die Refrains voneinander, schufen Zwischenräume, die aber keine neuen Teile waren, sondern nur wie Bindeglieder wirkten, da funktionierte es plötzlich. Auf diese Weise wurde auch die Modernität des Projekts unter Beweis gestellt.

Das Album konnte allerdings nicht mehr den ursprünglich geplanten Titel »Der Refrain« tragen, weil diese Seite des Konzepts ja nun viel zu sehr aufgeweicht war. Wolfgang Müller hat mir dann sehr geholfen, indem er vorschlug, ich solle die Platte einfach »Das Wesentliche« nennen, weil der Refrain für mich ja offensichtlich das Wesentliche sei.

Also hieß das Album »Das Wesentliche«. Es erschien bei Tapete Records, wo man sich von dieser Veröffentlichung nicht besonders viel versprach. Aber dann kam der Freitag und mit ihm die Album-Charts und keiner guckte rein und ich war gerade beim Label gewesen und schon wieder gegangen, und dann rief mich Carsten Friedrichs auf der Straße im strömenden Regen an, um mir freudig erregt mitzuteilen, dass ich mit »Das Wesentliche« in den Album-Charts war.

Meine Videos 1:
Die drei bis vier Phasen

Ich mag es nicht, fotografiert zu werden, aber ich drehe sehr gerne Videos und habe bei Videodrehs auch keine Probleme, vor die Kamera zu treten. Die meisten meiner Freunde und Bekannten aber mögen keine Musikvideos, weder wollen sie, wenn sie Musiker sind, welche drehen noch wollen sie mitspielen noch haben sie Ideen dafür noch wollen sie welche anschauen oder auch nur darüber nachdenken, was Musikvideos sind, mit anderen Worten: Die meisten Leute, die ich kenne – und nicht nur die Musiker! – legen Musikvideos gegenüber totales Desinteresse an den Tag.

Ich dagegen liebe Musikvideos. ich halte sie für eine geniale Erfindung, für das Beste, was die achtziger Jahre hervorgebracht haben, wenn es nicht doch die sechziger oder siebziger Jahre waren, da scheiden sich ja die Geister; waren es die Beatles mit »Penny

Lane«, waren es Queen mit »Bohemian Rhapsody« oder doch die Buggles mit »Video Killed The Radio Star«, die damit angefangen haben – das ist Ansichts- und Geschmackssache und mir auch egal. Hauptsache, Musikvideo!

Wenn ich mich mit meinen Freunden darüber streite, führe ich immer die folgenden Argumente ins Feld: Man hat ein Stück, also einen Text und eine Musik, und die beiden verhalten sich zueinander, und wenn sie eine Single sein sollen, ist dieses Verhältnis äußerst fragil und variabel. Ein gutes Stück, ein potentieller Hit, ist immer mehrdeutig. Ist es einmal aufgenommen, hat man eigentlich kaum noch Einfluss darauf, wie das Stück wahrgenommen wird. Außer man dreht ein Musikvideo. Dann kann man noch einmal letzte Kurskorrekturen vornehmen, man kann Tendenzen verstärken, Aussagen abschwächen, sich von bestimmten Deutungsmöglichkeiten distanzieren und so weiter und so fort.

Das heißt aber nicht, dass einer, der so denkt wie ich, ein Kontrollfreak wäre. Das wäre ja nur der Fall, wenn ich selber das Video ganz alleine entwerfen und produzieren würde, aber so ist es nicht. Es geht nicht darum, den Interpretationskorridor, so will ich es einmal nennen, zu verengen, es geht eher darum, ihn umzubiegen, und da ist es nicht so wichtig, wer das macht, Hauptsache, er oder sie tut es so, wie ich es mir vorstelle.

Ein paar Beispiele wären hier vielleicht ganz angebracht.

Zunächst muss ich vorausschicken, dass ich als Andreas Dorau und mit meiner Musik über dreißig Videos produziert habe. Für mich teilen sich meine Videos auf in drei Schaffensperioden, vielleicht sind es sogar vier.

Erstens: die Ata-Tak-Videos, bei denen überhaupt kein Geld da war, es noch keine Video-TV-Sender und für Videos noch keinen echten Markt gab und eigentlich überhaupt noch keine Regeln existierten, wie Videos auszusehen hatten. Die Videos aus dieser Zeit schätze ich heute am meisten, weil sie unkonventionell sind, ohne dass wir uns sowas damals vornehmen mussten, sie sind unkonventionell, weil es noch keine Konventionen gab und wir einfach taten, was wir wollten. Meine Lieblingsvideos aus dieser Periode: »Die Schande kommt« und »Stoned Faces Don't Lie« (Ata-Tak-Version).

Zweitens: die Motor-Music-Videos. Das waren Videos mit einer klaren Vorgabe: Es sollten Videos der äußerst stumpfkommerziellen Sorte sein, bei denen es nur und wirklich nur darum ging, irgendwie auf Viva-TV zu landen. Die Regeln waren: bunt, grell, dumm. Die Herausforderung war groß, der künstlerische Ertrag durchwachsen. Ich bin aber mit all diesen Videos durchaus zufrieden. Ich hatte mich auf diese Aufgabe eingelassen und sie mit Dorau-Mitteln gelöst. Eine ehrliche, reelle, bunte und grelle Sache, über die man nicht meckern kann. Mein Lieblingsvideo aus dieser Periode: »So ist das nun mal«.

Drittens: die 2000er-Videos. Das sind die Videos aus den nuller Jahren. Hier wurde das Budget immer unwägbarer, erst die »Mute«-Videos, bei denen es noch Carhartt-Sponsoring-Geld gab, dann die »Staatsakt«-Videos, bei denen gar kein Geld mehr zur Verfügung stand, dann die »Bureau B«-Phase, wo es immerhin sowas wie ein Minibudget gab. Eigentlich spielte das aber keine Rolle, denn es gab vor allem keine Regeln mehr. Viva und MTV waren plötzlich Geschichte, man machte Videos nur noch fürs Internet und plötzlich war wieder alles egal, auch ob sie noch jemand guckte oder nicht. Das war auch der Grund dafür, dass kaum noch Geld floss, wer wollte für Videos, die im Internet irgendwo, meistens bei Youtube, gezeigt wurden, noch Geld ausgeben? Wer da reinguckte, war ja sowieso schon auf der Dorau-Spur, und solange es keine Katzenvideos waren, konnten sie natürlich auch nicht viral gehen. Mir war das egal. Ich habe immer gerne Videos gedreht und es geht zur Not auch ohne Geld, die ohne Geld will dann vielleicht keiner mehr sehen, aber darauf kam es mir nicht an, mir ging es nur noch darum, das Video als Teil des Werks so Dorau-mäßig wie möglich hinzubekommen und mich an der neuen künstlerischen Freiheit zu erfreuen. Das Letzte, wofür ich zu haben war, war eine Neunziger-Jahre-Viva-Nostalgie. Meine Lieblingsvideos aus dieser Phase sind »Flaschenpfand« und »Ossi mit Schwan«. Und eigentlich dauert diese Phase bis heute an.

Viertens: Die vierte Periode ist eigentlich keine ganze Schaffensphase, sondern eher ein Sonderfall, ein einmaliges Spezialerlebnis, hier rede ich von den Videos zur Platte »Das Wesentliche« (2019). Wie weiter vorne in diesem Buch beschrieben wird, handelt es sich dabei um eine Platte, bei der die Stücke nur aus Refrains bestehen, das ergibt einen musikalischen Dauerschleifeneffekt, ein Refrain ist ja in der

Regel kaum länger als dreißig Sekunden, meistens sogar kürzer, und dadurch, dass diese Stücke immer um sich selbst kreisten, waren wir von der Dramaturgie her nicht so ambitioniert und gefordert wie bei traditionellen Stücken, die mit Strophen, inhaltlichen Entwicklungen und so weiter arbeiten. Wir konnten die optische Seite einfach reduzieren auf meist nur eine Ebene und mit dieser Ebene dann alle möglichen Variationen durchspielen. Diese Videos habe ich alle zusammen mit Anne Schulte und Brigitta Jahn produziert, es waren fünf oder sechs, und wir haben immer zuerst eine Filmidee entwickelt und uns dann überlegt, welches Stück von der Platte dazu passen könnte. Mein Lieblingsvideo aus dieser Phase: »Unsichtbare Tänzer«.

Grundsätzlich kann ich Folgendes sagen: Wenn man mich fragt, welches meiner Videos nicht gelungen ist, sage ich: keins! Und so sehe ich das auch. Ich habe viele Fehler in meinem Leben gemacht und es gibt viele Dinge, die mir misslungen sind, Stücke, Platten, Opern, was auch immer. Nur Musikvideos nicht. Da fällt mir wirklich keins ein. Tut mir leid.

Bei Musikvideos habe ich immer noch irgendwie die Kurve gekriegt!

Meine Videos 2: Auf der Kippe

Nicht, dass es nicht bei so vielen Videos auch solche gegeben hätte, bei denen es auf der Kippe stand. Hier drei Beispiele:

1. »Flaschenpfand«
Hier handelt es sich um ein Story-Video, das von einer Pfandflasche handelt, die aus ihrem engen bürgerlichen Alltag ausbricht, dabei auf die schiefe Bahn gerät und beinahe daran zerbricht. Regie führte Sönke Held und das Video ist sehr ambitioniert, es sind viele Trickfilmelemente eingewoben, vor allem Stop-Motion-Tricks, aber auch Greenscreen und so weiter.

Die Stop-Motion-Sache hätte uns beinahe das Genick gebrochen. Bei Stop-Motion muss man jedes Bild einzeln fotografieren und dabei die Gegenstände, die man auf diese Weise beleben will, in winzigen Schritten durch die Landschaft verrücken, vierundzwanzig oder fünfundzwanzig Bilder pro Sekunde, das dauert und geht, wenn man das mit einer Flasche auf Steinfußboden draußen macht, ziemlich auf die Kniescheiben. Außerdem stürmte es in Hamburg und die Flasche, mit der wir drehten, war eine teure Designerflasche, wegen der Unverwechselbarkeit und so weiter, und dann zerbrach sie uns in einer stürmischen Nacht, indem sie wegflog, da war quasi der Hauptdarsteller tot, aber schon einiges an Film mit ihm im Kasten, und wir mussten für die Nacht abbrechen, das war schon mal bitter. Dann, in der zweiten Nacht, hatten wir das gleiche Problem noch einmal, aber ich hatte mit unserem allerletzten Geld noch eine dritte Designerflasche auf Vorrat gekauft, mit der brachten wir die Stop-Motion-Szenen irgendwie zu Ende, die letzte Flasche ging zwar auch noch kaputt, aber wir hatten gerade die letzte Szene mit ihr abgedreht, das war sehr knapp, es waren dramatische Hollywoodmomente, nur in kalt und stürmisch.

Auch schwierig war die Sache mit dem Feuer. Im Laufe der Geschichte freundet sich unsere Flasche nichtsahnend mit einem Molotowcocktail an. Der wird dann irgendwann auch geworfen und geht in

Flammen auf. Was wir nicht bedacht hatten: Molotowcocktails sind schwer verboten und deshalb äußerst genehmigungspflichtig, wenn man sie für einen Film verwenden will. Man kann nicht einfach irgendwo in der Hamburger Innenstadt einen Molotowcocktail werfen und den Flug und den Aufprall filmen. Dafür muss man durch einen langen, dunklen Genehmigungstunnel und viel Geld bezahlen, das wir nicht hatten. Feuer ist teuer! Wir versuchten es trotzdem, aber wo immer wir zur Tat schreiten wollten, tauchte sofort irgendein Hamburger Bürger am Fenster auf und rief etwas von Polizei und so weiter. Eine ganze Nacht lang waren wir auf der Flucht, quer durch die Stadt. Ganz am Ende, als wir schon aufgeben wollten und der Morgen dämmerte, gerieten wir in einen Hinterhof in Altona und zogen dort die Sache durch. Wir hatten nur die eine Chance, und wir nutzten sie.

Das war wirklich ein schwieriges Projekt, wir brauchten fünf Drehtage für das Video, das war mehr als bei jedem anderen Video, mehr als Michael Jackson für »Thriller« gebraucht haben soll! Aber es hatte sich gelohnt. »Flaschenpfand« ist eins meiner Lieblingsvideos.

2. »Löwe«
Dieses Video hatte quasi gar kein Budget, aber wir hatten eine gute Idee, das zu kompensieren. Wir taten uns mit der »Liga der gewöhnlichen Gentlemen« zusammen, die zur gleichen Zeit wie ich bei der gleichen Plattenfirma eine LP veröffentlichten und genauso dringend ein Video brauchten. Wir wollten uns den Drehort teilen und der sollte dann auch noch umsonst sein, also fragte ich meine Freunde von der Anwaltskanzlei Zimmermann und Decker, ob wir über das Wochenende ihre Büroräume umdekorieren und als Filmstudio nutzen dürften, und die sagten netterweise ja.

Wir beschlossen, dass jeder Künstler, also die Liga einerseits und ich andererseits, ein Partyvideo drehen würde, nur die einen in Farbe, der andere in Schwarz-Weiß, und dass die Partygäste mit lauter Pappfiguren dargestellt würden, schon weil wir uns keine Statisten leisten konnten, deshalb nahmen wir Pappaufsteller von allen Traumgästen einer Party, die man sich nur vorstellen konnte, Helmut Berger, Walter Matthau, Keith Moon, Dean Martin, Elisabeth Taylor, solche Leute, und bei der »Liga« sollten die als eher steifes Publikum zu einer Bandperformance dazugehören, während die

Pappfiguren in meinem Video tanzen würden, während ich als verunsicherter Gast vor mich hin singen sollte.

Die »Liga«-Leute durften anfangen, weil ich höflich bin und sozial eingestellt, vielleicht aber auch, weil ich die Verantwortung für die Räumlichkeiten hatte, da hatte ich vielleicht bloß keine Lust gehabt, den ganzen Dreh von der »Liga« abzuwarten, bevor ich aufräumen und zusperren konnte.

Wie auch immer, die »Liga« drehte ihr Video und wurde irgendwann fertig und wir legten mit dem Dorau-Video los, es ging alles super voran, wir drehten eine rauschende Party, ich machte meine Playbacksingerei und um mich herum tanzten die Pappfiguren, und dann war es plötzlich ziemlich spät und der Kameramann musste überraschend weg. Aber wir waren noch nicht fertig und konnten auch am nächsten Tag nicht weiterdrehen, denn der nächste Tag war der Montag, da waren die Anwälte wieder am Drücker. Also fehlten uns die dritte und letzte Strophe und der letzte Refrain, dafür hatten wir nichts. Wenn man mit Playback anfängt, muss man es auch zu Ende bringen, deshalb konnte man da eigentlich auch im Schnitt nichts retten. Auch ein Nachdreh zu späterer Zeit am selben Ort war nicht drin. Am nächsten Wochenende alles noch einmal aufzubauen, war unmöglich, wir hatten weder die Zeit noch das Geld noch die Energie dafür. Das Video schien tatsächlich gescheitert zu sein.

Dann hatte ich ein, zwei Tage später die Idee, aus der Not eine Tugend zu machen. Wenn die Dreharbeiten abgebrochen wurden, dann, so dachte ich, könnte man doch auch im Video einen Drehabbruch simulieren, aber nicht wegen eines gehenden Kameramanns, sondern weil der Sänger nicht mehr weiter Playback singen will und vor laufender Kamera eine Sinnkrise kriegt; dafür brauchten wir nur ein bisschen unscharfen Glitzerkram im Hintergrund und eine Nahaufnahme vom Playback singenden Sänger, der dann mit dem Playback aufhört und kopfschüttelnd aus dem Bild geht. Dann einfach die Kamera weiterlaufen lassen und den unscharfen Glitzer filmen, bis das Lied zu Ende ist. Das Ganze dann, dachte ich, mit Untertiteln erklären und mit erfundenen Anti-Video-Äußerungen von prominenten Künstlern garnieren und fertig ist das Video. Und so wurde es dann auch gemacht.

Wir konnten diesen überschaubaren Nachdreh bei der befreundeten Firma QFilm im Lager realisieren, für lau. Das ging gut und schnell, außer dass der Sänger, also ich, schauspielerisch gefragt war und dabei völlig versagte. Gesang abbrechen und kopfschüttelnd aus dem Bild gehen – nicht so einfach! Aber irgendwann ging's und der Rest ist Geschichte.

Ich hatte in meiner Eitelkeit und Hybris noch gehofft, durch diese selbstreferentielle Wendung im hinteren Drittel des Videos eine irgendwie gesteigerte Medienaufmerksamkeit zu bekommen, aber daraus wurde nichts, das hatte kein Schwein mehr interessiert.

Ich mag das Video trotzdem!

3. »Ossi mit Schwan«
Man kann nicht sagen, dass das Video auf der Kippe stand, aber der Dreh hatte einige unangenehme Folgen. Die Idee des Videos ist schnell erzählt: Eine Gruppe von Leuten macht Party, betrinkt sich und verprügelt und fesselt und demütigt irgendwann einen der ihren, es ist ein Versuch über das Thema Gruppendynamik, Alkohol, Gewalt und Entgrenzung. Anne Schulte führte Regie. Die Idee war, kein

Drehbuch zu benutzen, sondern die Gruppendynamik von selbst entstehen zu lassen, also mit einer Gruppe von Leuten in einen Biergarten zu gehen, der irgendwie nach München aussieht, denn die Ossi-Geschichte spielt ja in München an der Isar, sich dort alberne Hüte aufzusetzen, sich zu betrinken und den Dingen ihren Lauf zu lassen, also mehr eine grobe Richtung vorzugeben statt, wie sonst üblich, detaillierte szenische Anweisungen.

Und das klappte auch ganz gut. Zu gut. Die Gruppe bestand nur aus Freunden von mir. Ich sollte am Ende der sein, der geschlagen und gedemütigt und dann gefesselt in ein Schwanen-Tretboot gelegt und aufs Wasser hinausgeschickt wird, das war natürlich hart und wurde auch hart durchgezogen. Alle spielten eifrig mit und es wurde ziemlich ernst, wie ich fand, es tat weh, ich fühlte mich gedemütigt und hatte Angst, vor allem gefesselt alleine auf dem Wasser in dem gruseligen Schwanenboot, das dort völlig unkontrolliert irgendwohin trieb. Die Grenze zwischen Spiel und Realität war völlig verschwunden, das waren vielleicht noch meine Freunde, die da mitspielten, aber das Spiel war irgendwie aus dem Ruder gelaufen und es schien mir, als würden irgendwelche alten aufgestauten Aggressionen sich hier entladen und ich endlich bekommen, was ich in den Augen dieser Freunde schon lange verdiente.

Irgendwann wurde ich aus dem Boot befreit, aber von Anne Schulte, nicht von den Spielkameraden, die wohl noch immer in ihrer Rolle verharrten. Sie hatten alle umsonst mitgespielt, deshalb hatten wir sie natürlich zum Dank nach Drehschluss auf ein Abschlussbier in eine St.-Pauli-Kneipe eingeladen, aber nachdem ich mich zu Hause umgezogen hatte, konnte ich da nicht mehr hingehen, ich war einfach zu geschockt.

Anne Schulte musste dann alleine hingehen und mich entschuldigen und das Bier bezahlen.

Merchandising

Merchandising, also der Handel von Künstlern mit allerlei Plunder, der ihren Namen trägt, T-Shirts, Schals, Aufkleber, Hoodies, Mützen, Fahnen, Streichholzschachteln, Getränke, Ohrstöpsel und was nicht sonst noch alles, gilt als äußerst einträgliches Geschäft. Viele Künstler verdienen auf ihren Tourneen mehr Geld mit Merchandising als mit dem Ticketverkauf, das sagen viele und das glauben viele und das kann auch durchaus so sein.

Aber bei mir ist es nicht so. Bei mir enden alle Merchandisingideen und -versuche immer im finanziellen Desaster. Das hat zwei Gründe:

Zum einen habe ich kein Pseudonym und keinen Bandnamen zu bieten, ich heiße wirklich Andreas Dorau und unter diesem Namen trete ich auch auf. Die Vorstellung, jemandem im normalen Leben zu begegnen, der mit einem T-Shirt mit meinem richtigen Namen drauf vor mir steht, ist mir unangenehm, das möchte ich auf keinen Fall, und das war auch schon immer so.

Der zweite Grund ist, dass schwarze Band-T-Shirts die einzigen Artikel sind, die im Musikmerchandising immer laufen und mit denen verglichen der ganze Kaffeetassen-Mützen-Aufkleber-Quatsch nur finanzieller Beifang sein kann. Das schwarze T-Shirt funktioniert aber nur, wenn a) vorne der Name draufsteht und b) hinten die Tourdaten. Das kann ich schon dreimal nicht wollen: Schwarze T-Shirts sind erstens für sich schon hässlich, stehen für Rockmusik und dicke Menschen, die meisten werden ja in Größe XXL verkauft. Zum Thema Namen ist zweitens alles gesagt. Und Tourdaten auf einem T-Shirt finde ich zum Dritten auch ganz schlimm, weil sie sich ja immer nur auf die Vergangenheit beziehen können und damit eine Nostalgie befördern, mit der ich nichts zu tun haben will.

Das aber ist das Merchandisegesetz: schwarze T-Shirts, Künstlername, Tourdaten! Alles andere ist Hobby! Ich habe in meiner langen Laufbahn als Musikschaffender viele Versuche unternommen, diese allgemein bekannten Gesetze des Musikmerchandisings zu unterlaufen und es ist mir nur teilweise gelungen. Aber der Reihe nach!

Zu Ata-Tak-Zeiten, also in den achtziger Jahren, gab es überhaupt kein Merchandising. Jedenfalls nicht in meiner Welt. Nie davon gehört! Das waren schöne Jahre. Wir kannten es nicht, wir vermissten es nicht und wir hatten nie das Gefühl, etwas zu verpassen.

Erst in den neunziger Jahren bei Motor Music wurde das Thema aufgebracht, was für diese Firma irgendwie auch bezeichnend ist, da wurde ja überhaupt nie irgendeine Scham gezeigt, wenn es darum ging, noch den letzten Tropfen Finanzmilch aus dem Künstlereuter zu pressen. Dauernd wurde man damit belästigt, Merchandising hier, Merchandising dort, als ob es nichts Wichtigeres gäbe, als hässlichen Ramsch und billigen Tand unter die Leute zu bringen. Irgendwann knickte ich ein und überlegte mir auch etwas, aber etwas Besonderes: statt hässlicher schwarzer T-Shirts mit Künstlernamen wollte ich schöne hellblaue, rosafarbene und hellgrüne, ja sogar gelbe T-Shirts verkaufen, tailliert sollten sie sein, damit sie nicht so unförmig am Körper herumbaumelten, und statt »Andreas Dorau«

oder so etwas sollten nur Songtitel vorne drauf sein, aber nicht mit aufdringlichem Design, sondern mit schöner Typographie und dezenter Schriftgröße. Die Idee war gut und die Ware traf beim Publikum tatsächlich auf großes Interesse, es bestaunte und lobte die Auslage am Merchandisingstand – und dann wurde nichts gekauft! Wir konnten den ganzen schönen Kram wieder mit nach Hause nehmen und einmotten, für immer.

Damit war für einige Jahre Ruhe an der Merchandisingfront, das Thema wurde von mir und auch von den Menschen um mich herum nicht mehr erwähnt.

Dann hatte ich zur LP »Aus der Bibliothèque« einen kleinen, folgenschweren Rückfall. Ich weiß nicht mehr, warum, aber plötzlich fragte ich aus einer Laune heraus Gereon Klug, ob er nicht Lust hätte, mit mir und für mich Merchware zu entwickeln und zu verkaufen, denn ich wusste von der »Hanseplatte«, dass Gereon ein guter Verkäufer ist, und ging davon aus, dass mir sein Verkaufstalent merchandisingmäßig aus der Patsche helfen würde.

Also entwickelten wir viele interessante Merchprodukte, schön bedruckte Kaffeetassen, Jutebeutel, Poster, Tonträgerraritäten, Badges und Feuerzeuge. Die Tour lief super und das Merchandising auch, Gereon sei Dank, da wurde viel verkauft und viel Umsatz gemacht. Aber mit einem Produkt überhaupt nicht, das waren die Kaffeetassen. Von denen hatten wir Unmengen herstellen lassen und keine verkauft. Leider waren die Kaffeetassen in der Herstellung das Allerteuerste gewesen und deshalb hatten wir bei allem Umsatz am Ende nichts verdient. Die Kaffeetassen müssen noch irgendwo sein.

Dann passierte ein Jahr später Folgendes: Ich ging zusammen mit Sven Regener und dem Buch »Ärger mit der Unsterblichkeit« auf Lesetournee und sah dort zum ersten Mal, wie diese Sache im Literaturgeschäft gehandhabt wird: Die verkaufen nämlich gar keinen Ramsch, sondern das eigentliche Kernprodukt, in diesem Fall das Buch. Und die Künstler, in diesem Fall Sven Regener und ich, setzen sich an einen Tisch und signieren die Bücher. Das hat mich sehr beeindruckt. Zu meinem Erstaunen hatte ich dabei auch keine Angst vor den Leuten. Bei den Merchständen meiner Konzerte war ich mir zwischen alldem Plunder immer wie der billige

Jakob vorgekommen, wie einer, der Dinge verkauft, die kein Mensch braucht. Was ja die Wahrheit war. Hier aber waren wir direkt am Buch, aus dem wir gelesen hatten, das war das, wofür wir gekommen waren, und deshalb ergab alles einen Sinn.

Das ermutigte mich dazu, es auch bei der Musik noch einmal zu versuchen. 2019 machte ich eine Tournee namens »Die Nacht der drei Alben« und da übertrug ich diesen Ansatz auf das Musikmerchandising. Wir hatten einen Stand mit Schallplatten, vor allem Vinyl, und ich saß dort und signierte die Platten, das war ganz einfach und machte überhaupt keine Schwierigkeiten, mir nicht und auch sonst keinem. Wir verkauften ganz viele. Außerdem hatten ich und Marcel Gein eine Lösung für das T-Shirt-Problem gefunden. Meine Unterschrift, das war mir bei der Lesetournee aufgefallen, ist besonders schön, deshalb hatten wir weiße T-Shirts mit meiner Unterschrift in Rot und groß quer drüber, die man ebenfalls am Stand kaufen konnte. Nun stand zwar mein Name drauf, aber verfremdet, denn meine Unterschrift ist zwar schön, aber kaum leserlich.

Das Jazzalbum

Die meisten meiner Freunde sind inzwischen beim Jazz angekommen, entweder aktiv oder passiv. Ich kann das von mir nicht behaupten, ich habe mit Jazz meine Schwierigkeiten, weil ich Jazzmusik nicht ausstehen kann. Ich kann es nicht ändern, aber der einzige Jazz, den ich mag, ist der von Glenn Miller und von Schnuckenack Reinhardt, aber damit werde ich bei Jazzfreunden nichts, damit bin ich bei denen noch schlimmer als einer, der auf Pat Metheny steht.

Dann aber habe ich doch einmal zufällig ein Jazzalbum gemacht, das war im Jahre 2002, ausgerechnet das also sollte dann mein erstes Album im neuen Jahrtausend sein. Justus Köhncke und ich steckten eigentlich mitten in der Produktion der späteren LP »Ich bin der eine von uns beiden« und kamen gerade nicht weiter, da war uns jede Ablenkung recht.

Und die bog in Gestalt von Christian Kellersmann um die Ecke, der war der Chef von Universal Jazz und ein alter Freund von mir, Kellersmann hatte schon bei den Doraus und den Marinas mitgespielt, war aber irgendwie als einer der ersten meiner Bekannten auf die schiefe Jazzbahn geraten, wieso auch immer.

Kellersmann jedenfalls rief an und erzählte, dass er die Rechte an der Figur »Trimmy« erworben hätte, dem damals schon weitestgehend vergessenen Maskottchen der Trimm-dich-Bewegung der siebziger Jahre. Kellersmann fragte, ob ich nicht für Trimmy ein Album machen könnte. Das kam mir gerade recht. Zum einen fand ich immer schon, dass Trimmy optisch ein ansprechendes Maskottchen war, schon wegen des schönen Scheitels und seiner ansprechenden Sportbekleidung, zum anderen war das eine ersehnte Ablenkung von wichtigeren Dingen.

Ich sagte also gleich zu und hatte auch ein Spitzenkonzept, und mit dem überzeugte ich sowohl Kellersmann als auch Justus Köhncke. Die Idee war, ein Album mit Ambientmusik aufzunehmen, und zwar so, dass wir viele verschiedene Sportarten mit je einer spezifisch auf die jeweilige Sportart zugeschnittenen Ambientmusik darstellten, es war ein synästhetischer Ansatz, jeder Sportart ihre eigene Musik, ich war ganz begeistert davon und Justus auch.

Ich fuhr schnell nach Köln zu Justus und wir legten los. Nach drei Tagen stellten wir fest, dass das, was wir uns da zusammengeschichtet hatten, nur Müll war. Total unbrauchbarer Klangabfall, der weder mit Sport noch mit Musik noch mit Atmosphäre noch mit Ambient auch nur das Geringste zu tun hatte. Das Konzept war schuld, das wurde uns dann klar. Wir verwarfen es und begannen von vorne. Radikaler Kurswechsel. Der lief darauf hinaus, dass wir das machten, was uns am leichtesten fiel: Wir stellten im Computer sowas wie eine elektronische Band zusammen, die hatte zwei verschiedene Basssounds, da nahmen wir mal den einen, mal den anderen, außerdem eine Schlagzeugmaschine, zwei Synthimelodiesounds und einen dritten Synthi, der orgelmäßig alles in der Fläche abdeckte. Dazu kombinierten wir Samples aus meinem Kassetten-Samplearchiv und die Stücke purzelten nur so aus dem Computer. Wir brauchten aber noch Gesang, denn das Ganze musste ja irgendwie einen gewissen Sportflavour bekommen, das konnten wir nur über den Text reinbringen, was uns allerdings nicht leichtfiel: Noch nie waren auf der Welt zwei Menschen zusammengekommen, die sich so wenig für Sport interessierten wie Justus Köhncke und ich. Zum Glück nannten wir das Projekt gleich zu Anfang »Trimmy – Trimm Dich International«, da hatten wir über den internationalen Ansatz gleich die Chance, unsere Unkenntnis hinter der englischen Sprache zu verschanzen. Die Stücke bekamen dann Titel wie »Billy«, »Don't Give Up«, »Sports!«, »Run Run Run«, »Move Your Body« und so weiter und so fort, den Rest kann sich jeder selber dazudenken. Es gab auch Stücke mit deutschen Titeln wie »Zimmerkegeln« und »Der Hut-Tanz«, aber das waren Instrumentals, die Gesangsnummern waren alle auf international getrimmt.

Wir wollten die Sache natürlich selber singen, zum einen aus Kostengründen, zum anderen aber wollten wir auch wie Frank Farian sein und erfanden einen modernen Boney M., einen Laptop-Artisten namens Stefan Schwertfeger, der sollte für die Musik verantwortlich zeichnen und zugleich als ein Faceless-Technokünstler vermarktet werden, der hinter das Projekt zurückgetreten war, das war schon ein ziemlich moderner und gut in die damalige Zeit passender Artist-Ansatz, der aber natürlich voraussetzte, dass niemand unsere Stimmen in den Stücken wiedererkannte, deshalb setzten wir voll auf den guten alten Vocodereffekt. Eigentlich wollten wir uns mit dem Singen abwechseln, mal der eine hier, mal der andere dort, aber mein Englisch, vor allem das *th* betreffend, war zu schlecht, deshalb musste alles von Justus gesungen werden. Der Vocoder wurde so stark eingestellt, dass es auch jeder andere Mensch hätte sein können.

Es gab zwei Singleauskopplungen, das war zum einen der »Disko-Vocoder-Hit ›Billy‹«, wie es in guter alter Universaltradition auf der Albumbestickerung hieß, zum anderen der Titel »Sports!«, bei dem man auf weitere Beschreibungen verzichtete. Dazu gab es von diesen Titeln dann auch noch Maxi-CDs, Remixe und was nicht alles.

Die Remixe brachten nicht viel, obwohl wir sogar Alexandra Iliopoulou vom Kölner Dancelabel »Betrug« dafür gewinnen konnten, uns die heißesten, angesagtesten Remixer zu besorgen, aber die Vocoderstimme, hieß es, war so grell, dass den Leuten in den Clubs die Ohren davon wehtaten, deshalb legte das niemand auf und die Sache war gestorben.

Die Remixe waren unsere letzte Hoffnung gewesen, das Ding zum Laufen zu bringen, denn die Platte, man muss es ehrlich sagen, war absolut unverkäuflich, zu hundert Prozent an den Bedürfnissen der Menschen vorbeiproduziert, sie ist die zweitschlechteste Platte, die ich je gemacht habe, und auf jeden Fall die unerfolgreichste.

Das machte aber nichts, denn »Disko-Vocoder-Hit« hin und Trimmy her: Die Platte erschien bei Universal Jazz und war deshalb eine Jazzplatte und bei Jazzplatten muss man nicht viel verkaufen, manchmal ist es bei Jazzplatten sogar langfristig cooler, wenn man gar nichts verkauft.

Hobbys und Freizeit

Ich werde oft gefragt, was ich eigentlich in meiner Freizeit mache, ob ich zum Beispiel irgendwelche schönen und interessanten Hobbys habe, denen ich nachgehe. Bei dem Wort Hobby werde ich dann schon immer wütend. Ich verachte Hobbys, finde sie feige und inkonsequent. Da hat doch die Person den falschen Beruf gewählt, wenn sie nicht in der Lage ist, mit dem, was sie am liebsten macht, irgendwie ihren Lebensunterhalt zu gestalten, das macht mich nicht nur wütend, sondern auch traurig, ich ertrage den Gedanken nicht, dass zum Beispiel jemand sein Leben lang begeistert kleine Schiffe mit Klappmasten, die nur einmal hochgeklappt werden können und dann so verharren müssen, in Flaschen füllt und darin festklebt, das in langen Nächten und am Wochenende bis zur Perfektion entwickelt, aber ansonsten die meiste Zeit des Tages, der Woche, des Monats, des Jahres uninspiriert und abgelenkt an der Bargeldkasse vom Finanzamt sitzen und die Leute anschnauzen muss, nur weil die mit Buddelschiffen nichts zu tun haben.

Denn zum Hobby gehört der »richtige Beruf«, die beiden kommen immer im Doppelpack. Wenn der Buddelschiffmensch, den ich hier als Beispiel mal angeführt habe, nebenbei noch Jobs macht, weil die Buddelschiffe ihn nicht oder noch nicht ernähren können, dann ist dagegen nichts zu sagen, da bin ich der Letzte, der das verurteilen darf, ich mache auch gerne mal Jobs, das kann auch befreiend sein, aber Musik, Filme, Videos, Opern, sowas macht man nicht als Hobbys, und das sollte auch für Buddelschiffe, Batikhemden, Mobiles, Keramik und Malen nach Zahlen und so weiter gelten, dass man dazu keinen »richtigen Beruf« neben ebendiesem »Hobby« hat, sondern dass das Malen, Töpfern, Buddelschiffherstellen der eigentliche Beruf ist und die Jobs, die man nebenbei noch machen muss, eher sowas wie ein exzentrischer Zeitvertreib zur Querfinanzierung, dem man sich insofern fröhlich widmen darf, als es sich dabei nur um eine möglicherweise vorübergehende Sache handelt, die jederzeit ihr Ende finden kann, im Gegensatz zur eigentlichen Berufung, der man, wenn man bei Trost ist, natürlich lebenslang folgt.

Ich verdiene mein Geld außerhalb von Musik und Film heute meistens als Video Consultant, weil mein Filmstudium und auch meine Erfahrung als Musiker mir die Möglichkeit gegeben haben, anderen da helfen und damit sogar noch Geld verdienen zu können. Früher, im 20. Jahrhundert, war ich meistens Beifahrer bei irgendwelchen Transportarbeiten, und ich habe immer genossen, dass der Beifahrer im Namen schon ausdrückt, dass es sich dabei keinesfalls um einen »richtigen Beruf« handeln kann. Und letzten Endes ist ja auch der Video Consultant ein Job, der ebenso wie der des Beifahrers ein eher verschwommenes Profil hat und deshalb viel Stoff für gute Geschichten liefert.

Freizeit ist auch ein Reizwort für mich. Ich weiß gar nicht, was das sein soll. Alles, was ich tue, hat mit meiner Person zu tun und meine Person findet sich in meiner Musik und meinen Filmen wieder, was soll da eine Freizeit? Freizeit im Gegensatz zu was?

Das klingt jetzt natürlich protestantischer, als es ist. Man sollte nicht glauben, dass das jetzt die Aussage von einem ist, der ein permanent unentspanntes Leben hat, das wäre ein Missverständnis. Freizeit ist ja auch kein Synonym für Entspannung, Freizeit ist ja meistenteils vor allem ein Marketing- und Geschäftsfeldbegriff, mit dem die Leute unter Druck gesetzt werden, irgendetwas »Sinnvolles« zu tun, wenn sie nicht gerade ihrem Broterwerb nachgehen. Damit will ich nicht in Verbindung gebracht werden. Wahre Entspannung sieht anders aus.

Bei mir zum Beispiel so: Ich sehe fern. Und zwar klassisches Programmfernsehen ohne spezielle Senderpräferenz und ohne Nostalgie. Das klassische Programmfernsehen ist die ideale Zerstreuung und seine Betrachtung zugleich ein zutiefst sozialer Akt der gesellschaftlichen Teilhabe und der individuellen Selbstbehauptung. Der soziale Gehalt liegt auf der Hand: Das klassische Programmfernsehen wird immer zeitgleich mit mir und genauso halbinteressiert von ganz vielen anderen Menschen gesehen, die ich alle nicht kenne und nicht kennen muss, das ist schon einmal gut; für mich ist das wie ins Kaffeehaus zu gehen und mich mit niemandem zu unterhalten: ein zutiefst urbaner Akt der Geselligkeit ohne Kontakt zu anderen, eine perfekt unverbindliche Teilnahme am Menschheitsgeschehen.

Dazu gehört, dass man immer so lange umschaltet, bis man irgendwo vielleicht hängen bleibt, das ist das, was ich mit Selbstbehauptung meine. Der Fernsehkonsument ist keine willenlose Molluske, sondern eines der mächtigsten Wesen überhaupt, insofern er in viele verschiedene Welten eintaucht oder auch ihre Oberfläche nur kurz mit der Fußspitze antippt, kreuz und quer, um sich dann frei und ohne feste Absicht für irgendetwas zu entscheiden oder eben, das ist wichtig, auch nicht. Man kann auch stundenlang umschalten und auf diese Weise seinen eigenen Mix beziehungsweise Remix mit den gebotenen Bildern veranstalten, eine Collage erstellen, die ständig im Fluss ist und die die eigene Individualität unverwechselbar markiert. Dem Fernsehkonsumenten gehört eine ganz große bunte Welt und er macht sie sich entspannt zu eigen.

Streaming ist keine Alternative, auch wenn es als modern gilt. Man wird beobachtet beim Streaming, Streaming versucht, einen als Zuschauer zu begreifen, und dann werden einem Vorschläge gemacht oder was auch immer. Dabei spielt es keine Rolle, ob das nun ein Computer macht oder ein Mensch. Auf jeden Fall nervt es und ist ein Ausdruck von Erwartung an mich, den ich nicht gebrauchen kann. Zerstreuung sieht anders aus. Das klassische Fernsehen dagegen will nichts, kann nichts, gibt nichts.

Ich kann mir selber was draus basteln, wenn ich will, ich muss aber nicht wollen. So geht Müßiggang, so geht Freiheit. Umso besser, dass ich auch keinen mehr persönlich kenne, der ebenfalls klassisches Fernsehen guckt. Alle empfehlen einem irgendwelche Streamingserien, aber keiner empfiehlt mehr eine bestimmte Fernsehsendung. Weil im klassischen Fernsehen konkrete Sendungen keine Rolle mehr spielen. Besser geht's nicht!

Freds Rückkehr

Einer der häufigsten Dialoge, die ich in meinem Leben geführt habe, geht so:

»Spielst du heute Abend auch ›Fred vom Jupiter‹?«

»Nein.«

»Warum nicht?«

»Ja denk doch mal nach!«

»Wieso, was gibt's denn da nachzudenken?«

»Denk doch mal darüber nach, wie ich das bitte schön spielen soll!«

»Wieso, ist das denn schwierig?!«

Und das ist ebender Punkt. Die Leute passen nicht auf. Sie wollen den Fred, aber sie wissen gar nicht mehr richtig oder haben vielleicht auch nie gewusst, was bei diesem Lied eigentlich geschieht und was nicht. Was nicht geschieht, ist, dass ich singe. Was geschieht, ist eine Menge elektronischer Musik, es gibt viele Geräusche, es landen und starten zum Beispiel Raumschiffe, jedenfalls akustisch, und dann gibt es noch die Mädchenstimmen von den Marinas, die Strophen und Refrains singen. Ich war eigentlich nur Statist, bestenfalls Kleindarsteller, in meinem größten Hit. Ich spreche einige Zeilen Text in der Mitte des Liedes, und in dem zu diesem Lied gehörenden Fernsehfilm stehe ich zwischen Kulissen und tanze den guten alten Ein-Fuß-links-ein-Fuß-rechts-Tanz, den ich selber erfunden habe. Am Anfang des Films, das sei auch nicht verschwiegen, schwebe ich winkend wie ein Grüßaugust in einer Pappmachérakete durch einen dichten Nebel ins Studio ein.

Was davon wollen die Leute in einem Konzert bitte schön sehen und hören? Wie stellen sie sich das vor? Wie haben sie sich das gedacht? Haben sie überhaupt irgendetwas gedacht? Denken sie überhaupt jemals in ihrem Leben über irgendetwas Substantielles wirklich nach? Das sind die Fragen, die mir durch den Kopf gehen, wenn der oben beschriebene unnötige Dialog abläuft.

So zu denken, ist natürlich ein Zeichen von Verbitterung, und Verbitterung ist ein Gefühl, das ich ablehne. Umso schlimmer, wenn man immer wieder versucht, mich dazu zu bringen, Verbitterung zu empfinden. Das macht mich schlecht gelaunt. Der Dialog oben ist deshalb eigentlich schon geschönt, er liest sich erheblich zivilisierter und partnerschaftlicher, als er in Wirklichkeit ist, auch vom Sound her erheblich gefälliger, als es sich tatsächlich immer anhört, stimmlich sind bei mir leider immer schon absolute Knarzigkeit und tonlose Verachtung in die Worte eingewebt, auch so Sachen, die ich schlimm finde und die mich, wenn ich zu ihnen gezwungen werde, ganz traurig machen.

Diese Dialoge haben immer zwei Verlierer, denn am Ende sind beide schlecht gelaunt, der Fragende, weiblich oder männlich, weil er entweder nicht verstanden hat, was ich meine, und deshalb denken muss, er sei ein bisschen schwer von Begriff, oder aber sehr wohl verstanden hat, was ich meine, was ihm dann erst recht vor Augen führt, wie dumm seine Frage war.

Und ich, weil ich nicht der sympathische, freundliche, lebenskluge, empathische Mensch sein kann, der ich eigentlich sein möchte.

Aber auch diese Zeilen hier wären nur ein weiteres verbittertes Lamento, wenn sich nicht tatsächlich durch eine unreflektierte Tat, einen kurzen Moment der Unachtsamkeit meinerseits, ein Ausweg aufgetan hätte, und das kam so:

In Düsseldorf gibt es eine Konzertreihe namens »Lieblingsplatte«, da werden Musiker darum gebeten, ein Konzert rund um eine einzige Platte zu spielen, und zwar eine von den Veranstaltern gewünschte »Lieblingsplatte«, das sind dann natürlich oft schon ältere Platten, weil die Veranstalter auch nicht mehr die Jüngsten sind. An mich waren sie herangetreten mit der Frage, ob ich nicht mit einem Konzert zum Album »Blumen und Narzissen« dabei sein möchte. Ich habe natürlich sofort ja gesagt, weil ich das Album gerne mag, auch wenn es eins von meinen frühen Alben ist, ich glaube, es ist sogar das allererste gewesen.

Und dann begann ich auch gleich begeistert mit der Arbeit: Ich stellte mir eine Band zusammen und rief Hagar Groeteke an, meine absolute Lieblings-Marina, die war auch begeistert und versprach mir, irgendwie Marinas an den Start zu bringen, wie und mit wem auch immer, mir war alles recht, wenn nur

Hagar dabei war. Es war eine schöne Zeit, ich war voller Vorfreude, schon weil auf dem Album so tolle Lieder sind, und irgendwann ging ich sogar so weit, dass ich mal reinhören wollte, welche das noch mal genau waren, es war ja alles schon so lange her.

Und dann der Schock! Fred! Da war er wieder! Das Stück, das ich mein Leben lang versucht hatte, von mir fernzuhalten, hatte sich durch ein schnelles naives »Ja!« wieder in ebendieses Leben zurückgekämpft und beherrschte ab da all mein Denken und Tun. Es saß wie ein großer dunkler Vogel inmitten der Blumen und Narzissen und überschattete alles. Was sollte ich tun? Wie damit umgehen?

Mein erster Impuls war Leugnung und Abwehr. Ich muss das nicht spielen, dachte ich, das war sowieso immer ein Fremdkörper auf der Platte, das weiß doch jeder, das war doch bei einer ganz anderen Gelegenheit entstanden und auch ganz anders aufgenommen worden als alle anderen Stücke auf »Blumen und Narzissen«, redete ich mir ein, wer immer die »Blumen und Narzissen« als Lieblingsplatte hat, hat sie als solche nicht wegen Fred, sondern trotzdem, so sah ich die Sache.

Mein nächster Impuls war Zorn: Ich will das nicht spielen, egal warum. Ich hasse das Stück. Ich hasse mich. Lieblingsplatten, so ein Quatsch! So eine doofe Idee! Und warum haben die nicht die »Neu!« oder »70 Minuten« genommen, sondern ausgerechnet die »Blumen und Narzissen«, spinnen die? Was sind das denn für Leute? Wollen die mich reinlegen? Ist das abgesprochen, und wenn ja, mit wem? Voller Klang und Wut haderte ich mit allem und jedem, aber natürlich hauptsächlich mit mir selbst. Warum hatte ich Idiot bloß ja gesagt? Das wurde so schlimm, dass ich Angst hatte, der zornige Dorau würde dem dummen Dorau etwas antun.

Gott sei Dank ging es dann zur nächsten Phase, das war eine des Verhandelns: Mit wem in Düsseldorf kann ich reden, um die Sache mit Fred abzuwenden? Würden sie es akzeptieren, wenn ich statt »Fred vom Jupiter« »Girls in Love« spielte? Wie soll ich mir selber gegenübertreten? Wäre es richtig, mich selbst zu zwingen, Fred zu spielen, um mich auf diese Weise für mein dummes Jasagen zu bestrafen? Oder würde ich mit einer anderen selbst auferlegten Strafe das Fredspielen kompensieren können? Sollte ich das Stück instrumental aufführen oder es sonst wie verfremden, um es allen Seiten recht zu machen? Sollte ich den Marina-Part selber singen und die Dorau-Rolle vom Band kommen lassen wie die Stimme eines längst Verstorbenen, die noch einmal ans Ohr der Öffentlichkeit dringen soll, um alle kräftig zu gruseln?

Diese selten dämlichen Gedanken führten direkt in die Depression, das war eine kurze, aber schlimme Phase. Denn natürlich hasse ich nichts so sehr wie Leute, die ihren größten Hit nicht mögen und den dann trotzdem spielen und dann aber, um ironische Distanz – die sowieso in der Kunst immer das Schlimmste ist – zu zeigen, diesen größten Hit irgendwie witzig verfremden, als Reggae spielen oder als Jazz oder so, das ist ekelhaft und feige ist es auch, denn es gibt natürlich nur zwei Möglichkeiten: entweder das Ding anständig spielen oder gar nicht. Mit beidem kann man zwar nur verlieren, aber man verliert mit einer gewissen Restwürde. Man zeigt Haltung und Kompetenz.

Und so kam es zur Akzeptanz. Dabei half mir der Gedanke an und die Freundschaft mit Hagar Groeteke. Denn das wichtigste Argument kam mir natürlich erst ganz zuletzt in den Sinn: dass nämlich Hagar ja schon 1981 als erste Marina überhaupt dieses Stück live immer gesungen hatte und das natürlich immer der große Marina-Moment gewesen war. Ihr diese überragenden zwei Minuten achtunddreißig Sekunden jetzt einfach zu nehmen, nur weil ich dabei nicht so viel zu tun hatte, war natürlich ganz und gar falsch und völlig inakzeptabel. Da kannst du dich gefälligst auch mal zusammenreißen, sagte ich mir selber, und ich fragte mich gleich darauf fassungslos, wie ich je auf den Gedanken kommen konnte, dieses Stück Blumen-und-Narzissen-Geschichte ausblenden zu wollen.

Am Ende lief die Sache so und sie lief gut: Pyrolator, der, schon weil es Düsseldorf war, natürlich nicht fehlen durfte, ließ eine Rhythmusbox und einen Sequenzer laufen, der Schlagzeuger trommelte dazu und die drei Marinas, das waren dann Hagar Groeteke, Rebecca Walsh und Martina Weith, sangen das Lied und alles war gut. Ich hatte mir vom Veranstalter ein extralanges Mikrofonkabel bestellt, verließ vor dem Stück mit dem Mikrofon die Bühne und sprach meine elf Sekunden Sprechpart von der Garderobe aus ein. Wenn das Stück vorbei und der Applaus verklungen war, kam ich wieder auf die Bühne und wir spielten das nächste Stück. Ich gab keinen Kommentar ab, sagte nichts Abfälliges, nichts Rührseliges, machte kein dummes Gesicht, wir spielten weiter, als ob nichts gewesen wäre.

Einfach mal den Fred spielen lassen, so ging es und so hat es sehr viel Spaß gemacht.

Und wenn mich mal wieder einer fragt, ob wir heute Abend Fred spielen, sage ich einfach: »Da musst du Hagar fragen!«, und gehe weg.

Werk- und Videoverzeichnis Andreas Dorau

Werke

Falsche Fahnen, Single, Eigenlabel, 1981

Der lachende Papst, EP, Zickzack, 1981

Fred vom Jupiter, Single, Ata Tak, 1981

Blumen und Narzissen, Album, Ata Tak, 1981

Kleines Stubenmädchen, Single, Ata Tak, 1982

Die Doraus und die Marinas geben offenherzige Antworten auf brennende Fragen, Album, CBS, 1983

Die Welt ist schlecht, Single, CBS, 1983

Guten Morgen Hose (Kurzoper mit Holger Hiller), EP, Ata Tak, 1985

Die heilige Familie, Kurzfilm 3 min, 1985

Die kleine Frau, Kurzfilm 3 min, 1986

Die Laika und ihre Freunde, Kurzfilm 3 min, 1987

Demokratie, Album, Ata Tak, 1988

Demokratie, Single, Ata Tak, 1988

Ärger mit der Unsterblichkeit, Album, Ata Tak, 1992

Schlag dein Tier, Kurzfilm 48 min, 1992

Neu!, Album, Motor Music, 1994

Stoned Faces Don't Lie, Single, Motor Music, 1994

Das Telefon sagt Du, Single, Motor Music, 1995

Die Sonne scheint, Single, Motor Music, 1995

Ernte (Best of Ata Tak Releases), Compilation, Ata Tak, 1995

Was ist N. E. U. (Remixe), Compliation, Motor Music, 1995
Girls in Love, Single, ElektroMotor, 1996
Ab, FlexiDisc, ElektroMotor, 1996
70 Minuten Musik ungeklärter Herkunft, Album, ElektroMotor, 1998
So ist das nun mal, Single, ElektroMotor, 1998
Die Menschen sind kalt, Spielfilm 90 min, 1998
Durch die Nacht (mit Justus Köhncke), Single, Kompakt, 2004
Straße der Träume, Single, Mute, 2005
Ich bin der eine von uns beiden, Album, Mute, 2005
Kein Liebeslied, Single, Mute, 2005
40 Frauen / Im September, Single, Mute, 2005
Todesmelodien, Album, Staatsakt, 2011
Größenwahn, Single, Staatsakt, 2011
Stimmen in der Nacht, Single, Staatsakt, 2011
Aus der Bibliothèque, Album, Bureau B, 2014
Flaschenpfand, Single, Bureau B, 2014
Löwe, Single, Bureau B, 2014
Hauptsache Ich (Best of), Compilation, Bureau B, 2014
Silbernes Ich (Raritäten), Compilation, Bureau B, 2014
Die Liebe und der Ärger der Anderen, Doppelalbum, Kassette, FlexiDisc, Staatsakt, 2017
Ossi mit Schwan, Single, Staatsakt 2017
König der Möwen (eine musikalische Dramödie mit Gereon Klug), Album, Tapete Records, 2018

Feelingsgefühle, Single, Tapete Records, 2018
Das Wesentliche, Album, Tapete Records, 2019
Nein!, Single, Tapete Records, 2019
Unsichtbare Tänzer, Single, Tapete Records, 2019
Naiv, Single, Tapete Records, 2019
Identität, Single, Tapete Records, 2019

Videos

Fred vom Jupiter, Regie: Richard L. Wagner, 1982
(aus der TV-Sendung »Dreiklangsdimensionen«, BR)
Tulpen & Narzissen, Regie: Richard L. Wagner, 1982
(aus der TV-Sendung »Dreiklangsdimensionen«, BR)
Die Welt ist schlecht, Regie: Moritz Reichelt, 1983
Demokratie, Regie: Andreas Dorau, 1988
Stoned Faces Don't Lie (Ata Tak-Version), Regie: Susanne Müller, 1992
Die Schande Kommt, Regie: Andreas Dorau, 1992
Stoned Faces Don't Lie, Regie: Martin Weisz, 1994
Das Telefon sagt Du, Regie: Martin Weisz, 1994
Die Sonne scheint, Regie: Martin Weisz, 1994
Girls in Love, Regie: Martin Weisz, 1997
Ich weiss es nicht, Regie: Martin Weisz, 1997
So ist das nun mal, Regie: Martin Weisz, 1997
Die Menschen sind kalt, Regie: Andreas Dorau, 1998
Kein Liebeslied, Regie: Tibor Glage, 2005
Wir sind keine Freunde, Regie: Markus Gerwinat, 2005

Stimmen in der Nacht, Regie: Markus Gerwinat, 2011

Gehen (Baby Baby), Regie: Sönke Held, 2011

Flaschenpfand, Regie: Sönke Held, 2014

Löwe, Regie: Anne Schulte, 2014

Ossi mit Schwan, Regie: Anne Schulte, 2017

Feelingsgefühle, Regie: Anne Schulte, Brigitta Jahn, 2018

Nein, Regie: Anne Schulte, Brigitta Jahn, 2019

Unsichtbare Tänzer, Regie: Anne Schulte, Brigitta Jahn, 2019

Naiv, Regie: Anne Schulte, Brigitta Jahn, 2019

Identität, Regie: Anne Schulte, 2019

Gebrauchtes Herz, Regie: Anne Schulte, 2019

Inhalt

Über das Buch

Für die einen ist er ein lebendes Gesamtkunstwerk, das sich immer weiter vervollkommnet, für die anderen ein Popstar, der partout nicht lockerlässt, für die dritten wiederum ein unerschrockener Jäger des verlorenen Schatzes der Kulturindustrie: Andreas Dorau – viel bewundert, eigensinnig, genial. Und alle sind sich einig: Nichts ist so inspirierend wie dieser Meister der Exzentrik und des unauffällig Absurden, wenn er ausführlich, subtil und abgründig von sich und seinen Abenteuern nicht nur im Kunstbetrieb erzählt.

Wer Sven Regeners Romane kennt, kann ahnen, warum er so viel Spaß daran hat, in Doraus schillerndes Universum einzutauchen und zu literarisieren, was dieser erzählt. Da gibt es einen Hypnosekönig, den Dorau aufsucht, um endlich zu erfahren, was er wirklich tief drinnen über seinen alten Freund Fred vom Jupiter denkt, die Panikattacke, die ihn als Adorno-Stimme in eine Verhaspelkatastrophe hineinrasen lässt, ein Musical namens *König der Möwen*, eine Frau mit einem Arm, ein Gitarrenalbum von einem, der Gitarren nicht ausstehen kann, einen Flaschenpfand-Stop-Motion-Trickfilm mit Feuergefahr und und und.

Wenn es ihn nicht gäbe, müsste man ihn erfinden: einen Helden wie Andreas Dorau, der den Sog des Erfolgs genauso kennt wie die Mühen der Ebene. *Die Frau mit dem Arm* ist der Roman eines Lebens, das keine Kompromisse kennt, oder wenn doch, dann nur solche, auf die sonst keiner gekommen wäre.

Über die Autoren

Sven Regener ist Musiker (*Element of Crime*) und Schriftsteller. Seine Romane *Herr Lehmann* (2001), *Neue Vahr Süd* (2004), *Der kleine Bruder* (2008), *Magical Mystery oder: Die Rückkehr des Karl Schmidt* (2013), *Wiener Straße* (2017) und *Glitterschnitter* (2021) waren allesamt Bestseller. Sie wurden verfilmt und in viele Sprachen übersetzt.

Andreas Dorau, Sohn eines Pfarrers, hat mit 15 zufällig einen der größten Independent-Hits der Neuen Deutschen Welle geschrieben: *Fred vom Jupiter* (1981). Dorau gilt seither als Erfinder des subversiven Elektropop-Schlagers und produziert ohrwurmverdächtige Songs mit miniaturartigen Dadatexten. 2015 erschien sein gemeinsam mit Sven Regener verfasstes Buch *Ärger mit der Unsterblichkeit*.

Aus Verantwortung für die Umwelt hat sich der Verlag *Galiani Berlin* zu einer nachhaltigen Buchproduktion verpflichtet. Der bewusste Umgang mit unseren Ressourcen, der Schutz unseres Klimas und der Natur gehören zu unseren obersten Unternehmenszielen.

Gemeinsam mit unseren Partnern und Lieferanten setzen wir uns für eine klimaneutrale Buchproduktion ein, die den Erwerb von Klimazertifikaten zur Kompensation des CO_2-Ausstoßes einschließt.

Weitere Informationen finden Sie unter:
www.klimaneutralerverlag.de

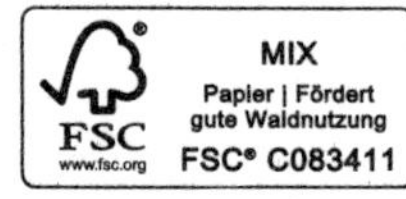

1. Auflage 2023

Verlag Galiani Berlin

Covergestaltung: Rike Weiger
Lektorat: Esther Kormann
Gesetzt aus der Adobe Garamond und der Strawford
Satz: Buch-Werkstatt GmbH, Bad Aibling
Druck und Bindung: CPI books GmbH, Leck
ISBN 978-3-86971-274-1

Weitere Informationen zu unserem Programm
finden Sie unter www.galiani.de

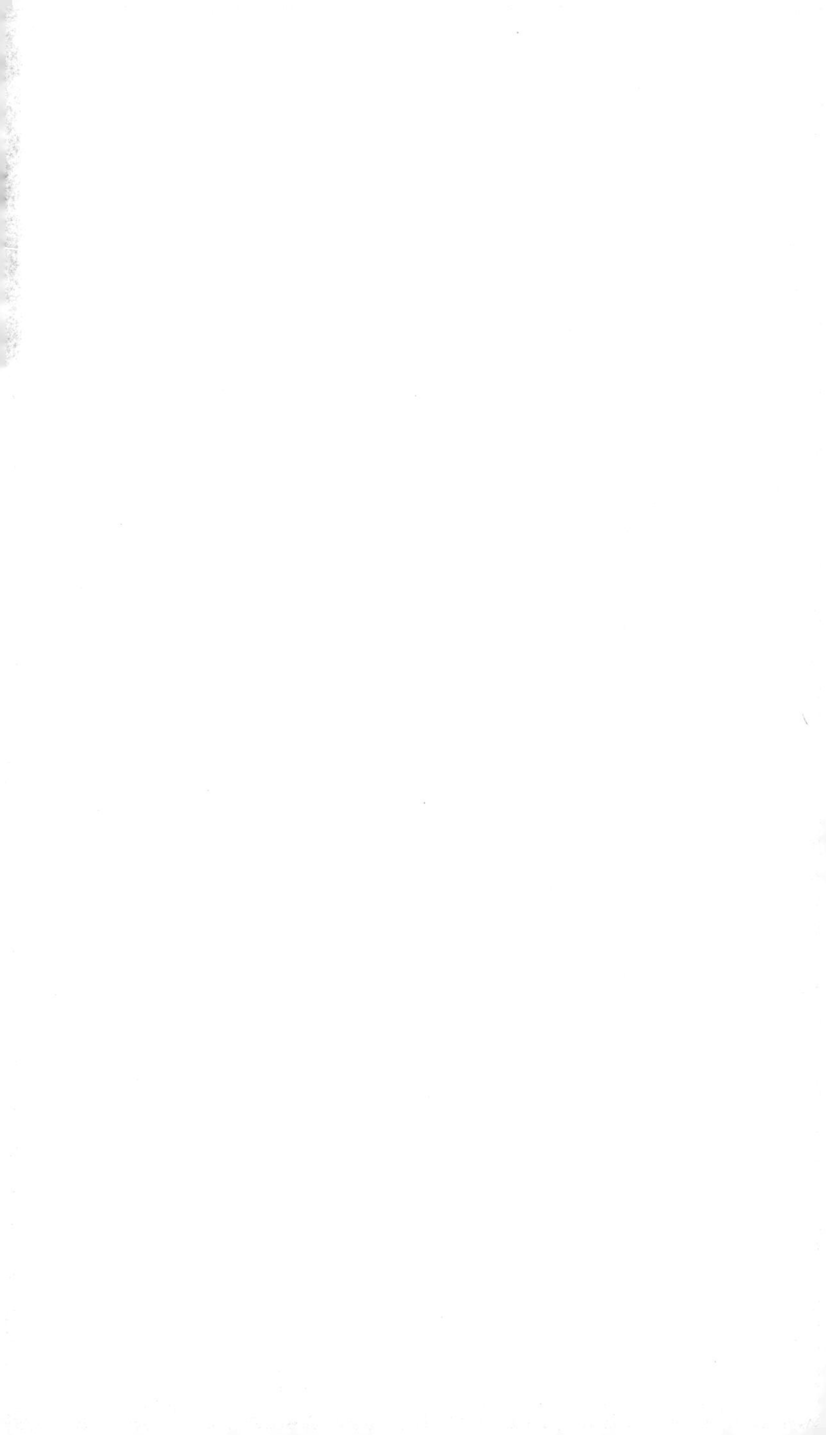